UNIVERSITÉ DE PARIS. — FACULTÉ DE DROIT

DES
DONS MANUELS
FAITS AUX PERSONNES MORALES

THÈSE POUR LE DOCTORAT

PAR

Louis GAILLARD

AVOCAT A LA COUR D'APPEL

PARIS

LIBRAIRIE NOUVELLE DE DROIT ET DE JURISPRUDENCE

ARTHUR ROUSSEAU

ÉDITEUR

14, RUE SOUFFLOT ET RUE TOULLIER, 13

1896

THÈSE

POUR LE DOCTORAT

La Faculté n'entend donner aucune approbation ni improbation aux opinions émises dans les thèses; ces opinions doivent être considérées comme propres à leurs auteurs.

UNIVERSITÉ DE PARIS. — FACULTÉ DE DROIT

DES
DONS MANUELS
FAITS AUX PERSONNES MORALES

THÈSE POUR LE DOCTORAT

L'ACTE PUBLIC SUR LES MATIÈRES CI-APRÈS

Sera soutenu le mardi 24 novembre 1896, à 1 heure

PAR

Louis GAILLARD

AVOCAT A LA COUR D'APPEL

Président : M. BOISTEL.

Suffragants : MM. GÉRARDIN, PLANIOL, *professeurs*

PARIS

LIBRAIRIE NOUVELLE DE DROIT ET DE JURISPRUDENCE

ARTHUR ROUSSEAU

ÉDITEUR

14, RUE SOUFFLOT ET RUE TOULLIER, 13

1896

A LA MÉMOIRE DE MON GRAND-PÈRE

A MON PERE

A MA MERE

INTRODUCTION

Si, dans notre droit français, le donateur ne peut disposer de biens immobiliers ou de créances nominatives sans recourir à des formes solennelles et sans faire constater sa donation dans un acte authentique, il peut valablement se dessaisir de choses transmissibles de la main à la main par la simple remise qu'il en fait à la personne qu'il désire gratifier : c'est ce mode de libéralité, dispensé de toute forme, qu'on appelle *don manuel.* Ce terme commun au langage usuel et à celui du droit exprime fort bien dans sa simplicité l'idée qu'il renferme, c'est-à-dire l'idée d'un transfert gratuit de propriété par une tradition matérielle.

Le don manuel constamment admis dans l'ancien droit (les coutumiers et les auteurs comme Ferrière, Ricard, Brodeau en font foi) ne cessa pas de l'être après la fameuse ordonnance de 1731 dont l'article 1er est ainsi conçu : « Tous actes portant donations entre vifs seront passés par devant notaire et il en restera minute à peine de nullité ». Cet article en effet ne disait pas : « toutes donations » mais « tous actes de donations », pour signifier que la donation entre vifs par écriture privée serait toujours nulle ; il ne pouvait donc s'appliquer aux donations de meubles qu'une tradition réelle suffit à parfaire (Furgole, d'Aguessau, Pothier). Les législateurs de 1804 ont-ils entendu innover sur ce point ? En l'absence d'un texte formel on ne peut présumer qu'ils aient voulu proscrire une institution aussi invétérée dans les mœurs ; donc, à moins de trouver dans le Code un article qui la prohibe expressément, on doit penser qu'elle est toujours en vigueur. Cette disposition prohibitive paraît bien à première vue résulter des articles 883 et 931 combinés ; le premier déclare qu'on ne pourra disposer de ses biens à titre gratuit que par donations entre vifs ou par testament, et le second, spécial aux formes des donations, ajoute : « Tous actes portant donations entre vifs seront passés devant notaires..... à peine de nullité. » Mais en dépit de leurs apparences, ces deux textes ne portent aucune atteinte à la validité du don manuel. Le Code civil reproduit presque textuellement dans son article 931 les termes de l'ordonnance de 1731 ; comment admettre, contre toute probabilité, qu'il ait voulu en changer la portée ? Par conséquent les donations qui ont lieu sans acte, c'est-à-dire les dons manuels, continuent à être valables comme ils l'étaient sous l'empire de cette ordonnance. Les travaux préparatoires ne laissent d'ailleurs aucun doute à ce sujet. « Le projet, disait Jaubert au Tribunat se sert des termes : « Tous actes de donations »..... Il ne parle pas des dons manuels et ce n'est pas sans motif. Les dons manuels ne sont susceptibles d'aucune forme. Il n'y a là d'autre règle que la tradition (1). » Enfin la validité des dons manuels est aujourd'hui consacrée par l'article 6 de la loi des finances du 18 mai 1850 qui soumet au droit de donation « les actes renfermant soit la déclaration pour le donataire ou ses représentants, soit la reconnaissance judiciaire d'un don manuel. »

Pourquoi le Code civil a-t-il maintenu un mode de disposer qui semble si manifestement contraire à son système général sur les libéralités entre vifs ? suivant nombre d'auteurs, le don manuel est valide en dehors de toute forme solennelle parce que, résultant d'une tradition matérielle, il constitue un fait irrévocable et définitif auquel un acte authentique ne pourrait rien ajouter ; en effet, une fois la tradition effectuée, le donateur est entièrement dessaisi et le donataire n'a plus rien à exiger de lui, sa possession est mise à l'abri de toute attaque pour l'avenir, protégé qu'il est par la règle de l'article 2279. Ce raisonnement est très juste, mais il ne suffit pas seul à expliquer le parti qu'ont pris les rédacteurs du Code au sujet du don manuel ; il ne montre pas surtout pourquoi, ayant prescrit la forme notariée comme une garantie contre la captation et la spoliation des familles, ils ont volontairement renoncé à cette garantie

(1) Locré, *Législation civile*, t. XI, p. 459.

en matière de dons manuels. Pour compléter cette explication, il faut se reporter à l'époque où parut le Code civil ; il faut se rappeler qu'alors la fortune mobilière occupait en France une place très secondaire et que les donations de meubles étaient habituellement d'assez minime importance ; aussi le don manuel dut-il paraître inoffensif au législateur de 1804 et il n'eut garde de le soumettre à ses prescriptions ; il l'autorisa sans même lui assigner de limites.

Puisqu'il a été reconnu par le Code civil, le don manuel ne relève pas exclusivement du droit naturel (1), et participe dans une certaine mesure aux lois positives : il leur échappe pour tout ce qui est de la forme mais il leur reste absolument soumis quant aux règles de fond ; c'est ce que nous allons constater en examinant les conditions d'existence et les conditions de validité du don manuel.

Deux éléments sont nécessaires, mais suffisants pour que le don manuel existe : il faut d'abord le concours de deux volontés, volonté chez le donateur de livrer à titre gratuit des meubles ou des sommes d'argent, volonté chez le donataire de les recevoir à ce même titre. Puis, cette convention formée, pour lui donner effet, il faut que le donateur fasse passer

(1) Quelques auteurs ont cependant essayé de soutenir le contraire. Proudhon, *Domaine privé*, 1839, t. II, n° 632. Lassaulx, *Introduction au Code Napoléon*, 1872, p. 183. Mais la jurisprudence ne s'est pas rangée à leur opinion.

l'objet de ses mains dans celles du donataire au moyen d'une tradition réelle. Le concours des volontés ou la convention de donner, c'est l'élément intentionnel ; la remise effective des meubles donnés, c'est l'élément matériel.

On ne conçoit pas de don manuel sans ces deux éléments réunis. L'offre ou la simple promesse verbale non suivie de tradition serait de nul effet pour le donataire de même qu'une simple détention de fait en dehors de la volonté du donateur ne saurait transférer la propriété au donataire.

Ainsi la tradition réelle est ici un élément essentiel et non pas simplement, comme d'ordinaire, un mode d'exécution du contrat. Sans elle le consentement des parties n'aurait aucune force légale, et c'est en ce sens qu'on a pu appeler le don manuel un contrat réel, *qui re perficitur*. La loi moderne a assujetti toutes les libéralités entre vifs, sous peine d'inexistence, à une forme déterminée, la forme authentique ; exceptionnellement elle en a dispensé les dons manuels, mais en la remplaçant pour eux par une autre condition tout aussi essentielle, la tradition. Il est donc inexact de dire que la convention de donner opère à elle seule le transfert de propriété dans le don manuel et que la tradition n'intervient ensuite que pour exécuter la donation et en assurer l'irrévocabilité ; non seulement la tradition crée le don manuel en vivifiant le concours des volontés, mais elle lui impose des limites qu'il ne peut jamais dépasser. Les seuls objets susceptibles de tradition réelle et par conséquent de don manuel sont ceux auxquels s'applique l'article 2279, parce que ceux-là seuls comportent une mise en possession matérielle : ce sont les biens meubles, individuels et corporels. On ne peut donc donner manuellement ni une universalité de meubles, ni des droits mobiliers, comme la propriété littéraire, et surtout comme les titres de créances : une seule exception a été apportée à cette règle, en faveur des titres au porteur ; dans ce cas le droit s'identifie avec le titre qui le constate et le titre est toujours présumé appartenir à celui qui le détient ; la créance ainsi matérialisée peut donc être transférée de la main à la main.

Pour donner effet au don manuel, la tradition doit avoir lieu au moment du concours des volontés et avant la mort du donateur ; elle doit de plus être réelle, c'est-à-dire conférer au donataire une possession effective et libre. La tradition *brevi manu* (celle qui s'opère au profit du gagiste ou du dépositaire) est toujours considérée comme suffisante pour créer un don manuel, mais non pas le constitut possessoire qui n'est qu'une tradition feinte.

Enfin la tradition, au lieu d'être faite directement du donateur au donataire, peut aussi fort bien être faite soit par le donateur au représentant du donataire, soit même au donataire par un tiers qui aurait reçu à cet effet mandat du donateur. Mais dans ce dernier cas la donation ne deviendra parfaite que lorsque le mandataire aura exécuté son mandat, c'est-à-dire effectué complètement la remise dont il est chargé ; jusque-là en effet il n'y a pas à proprement parler de tradition au donataire, peut-être même n'y a-t-il pas consentement de sa part, s'il ignore les intentions du donateur. De plus tant que le mandat n'est pas exécuté, le donateur n'est pas irrévocablement dessaisi, puisqu'il peut toujours révoquer le mandat en reprenant la chose, ou le faire cesser par sa mort. La jurisprudence et la majorité des auteurs estiment aussi que lorsque le mandant a prescrit de ne faire remise de la chose donnée qu'après sa mort et que le mandataire s'est conformé à ses instructions, la disposition doit être de nul effet.

En ce qui concerne les conditions de validité du don manuel, la ligne de conduite à tenir est très simple : le Code civil contient en matière de contrats à titre gratuit deux catégories de règles bien distinctes : les unes, règles de forme, concernent la solennité des donations ; les autres, règles de fond, ont pour objet de déterminer, en la restreignant, la capacité des parties, ou de garantir l'irrévocabilité des donations on enfin d'assurer la réserve héréditaire et l'égalité entre cohéritiers. Celles-là ont été conçues dans un esprit de rigueur à l'égard des libéralités entre vifs et pour les entraver le plus possible ; elles sont de droit strict et le don manuel en est certainement affranchi ; c'est même là son caractère essentiel. Il ne requiert donc ni la rédaction d'un acte authentique, ni celle de l'état estimatif prescrit par l'article 948 du Code civil. Celles-ci ont pour but de protéger les intérêts des familles en y maintenant l'égalité ou de défendre les donateurs eux-mêmes contre des entraînements irréfléchis ; elles sont de droit commun et doivent atteindre le don manuel tout aussi bien qu'une donation entre vifs ordinaire.

Reste à savoir, lorsque survient un litige relatif au don manuel, c'est-à-dire lorsque l'une des parties soutient l'existence du don tandis que l'autre la conteste, comment doit être administrée la preuve. Le Code civil n'ayant pas plus réglementé le don manuel sur ce point que sur d'autres, il faut recourir au droit commun de la preuve en matière de meubles. Il en résulte que d'une façon générale, la preuve est toujours à la charge de celui qui allègue en justice l'existence du don manuel, soit à l'appui de sa demande, soit à l'appui de son exception.

Le donataire est-il en possession du meuble litigieux : il est protégé contre la revendication du demandeur, héritier ou ayant droit du donateur qui aurait au préalable établi la propriété de son auteur, par la maxime de l'article 2279 : « En fait de meubles, possession vaut titre ». En lui opposant sa possession, il obtient le même résultat que s'il exhibait un acte de donation ; et ce sera au demandeur en restitution de prouver que la possession est frauduleuse, ayant une autre origine que le don manuel. Cette solution ne souffre aucune difficulté quand le donataire prétend avoir acquis d'un autre que du demandeur ; et, quoiqu'on l'ait sérieusement contesté, elle doit même être étendue au cas où le donataire aurait reçu du demandeur lui-même ou de son auteur. Ceux-ci en effet ne sauraient triompher tant qu'ils n'ont fait preuve que de leur droit antérieur sur le meuble. Mais en revanche ils auront la ressource de s'attaquer au titre qu'on leur oppose, de prétendre que la possession du défendeur est entachée de dol, d'équivoque ou de précarité, ou bien encore que la tradition n'a pas été accompagnée de l'*animus donandi*, et de cette façon ils pourront mettre le prétendu donataire dans la nécessité de prouver qu'il a un titre régulier d'acquisition (1). Si la jurisprudence n'avait pas admis ce correctif à l'application de l'article 2279, le don manuel aurait été une façon trop commode de déguiser les vols et les abus de confiance. Au-dessus de 150 francs et en l'absence de tout commencement de preuve par écrit, le prétendu donataire qui veut démontrer l'existence du don manuel allégué, ou le prétendu donateur qui veut établir une cause de restitution personnelle, un dépôt ou un mandat par exemple, ne

(1) Cassation, 12 août 1891 (D. 92. 1. 623) ; Nancy, 8 juillet 1893 (D. 94. 2. 13) ; et Dijon, 11 août 1893 (D. 94. 2. 14).

pourront le faire par témoins ou par de simples présomptions ; c'est toujours l'application pure et simple du droit commun. Il ne leur restera alors en l'absence de tout écrit que la ressource du serment ou de l'aveu qui, ici comme ailleurs, doit être considéré comme indivisible. Si le prétendu donataire n'était pas en possession du meuble litigieux, si par exemple après en avoir reçu tradition réelle, il l'a confié à titre précaire aux mains de son donateur, c'est à lui qu'incombe le fardeau de la preuve puisqu'il est demandeur en restitution. Il devra établir à la fois le don qu'il a reçu et le contrat de dépôt ou de prêt intervenu avec son donateur.

Si simple que paraisse être cette théorie de la preuve au sujet des dons manuels, il n'en est pas moins vrai qu'elle présente de grosses difficultés dans la pratique, et laisse le champ libre à de nombreuses fraudes. Le fait du don manuel ne laisse pas plus de traces que celui du vol et rien ne distingue aux yeux des tiers la possession d'un voleur de celle d'un véritable gratifié. Tout est donc plus ou moins laissé à l'appréciation des tribunaux et leurs recherches demeurent trop souvent infructueuses faute d'un critérium précis.

L'institution du don manuel, telle qu'elle vient d'être décrite, tient-elle toujours dans notre droit et dans nos mœurs la place très secondaire qu'elle y occupait lors de la rédaction du Code civil ? Il s'en faut de beaucoup. Depuis le commencement de ce siècle, la fortune mobilière s'est accrue en France dans des proportions considérables ; tandis que la propriété foncière subissait des dépréciations successives et profondes, les valeurs mobilières devenaient de jour en jour plus nombreuses par suite du développement de l'industrie et de la liberté du travail : créances nominatives, rentes, et surtout titres au porteur. Ceux-ci en effet, parce qu'ils sont plus aisément négociables, parce que leurs intérêts et leurs arrérages s'encaissent très régulièrement et très facilement, forment souvent la partie la plus importante d'un patrimoine, et, assimilés à des meubles corporels, ils sont toujours susceptibles d'être transmis à titre gratuit par simple tradition, autrement dit, par dons manuels.

L'assiette de la fortune publique s'étant à ce point déplacée, il n'est plus exact de dire que le législateur exempte les dons manuels des formes solennelles comme d'une garantie superflue, étant donné surtout qu'il n'a pas pris garde de les limiter, comme on le faisait autrefois, aux sommes modiques.

Ainsi on peut aujourd'hui, à la seule condition de l'avoir préalablement convertie en numéraire ou en valeurs au porteur, se dépouiller de sa fortune entière sans aucune formalité, et partant sans aucune garantie, alors que pour disposer du moindre immeuble ou de la moindre créance nominative il faut se conformer à toute la rigueur des formes solennelles. Voilà certes un résultat que n'avaient guère prévu les rédacteurs du Code, et ce résultat, on est à même de le constater chaque jour, parce que chaque jour la solennité des donations entre vifs tombe davantage en discrédit. Le don manuel offre du reste, il faut l'avouer, des avantages sérieux. Jouissant de toutes franchises, il répond parfaitement aux besoins de notre société moderne, à son goût pour les transactions libres et rapides. Il s'opère de la façon la plus simple et la plus expéditive tout à la fois. Une simple remise de la main à la main ! Il se prête également bien à toutes les circonstances de la vie : aux présents d'usage, et aux véritables libéralités, aux plus modestes aumônes comme aux restitutions importantes et aux grandes fondations. Enfin, c'est sans contredit le plus sûr moyen qu'on ait de tenir à jamais secrètes ses dispositions, puisqu'aucun titre ne les manifeste au dehors. Mais ce dernier avantage peut devenir lui-même un des plus graves inconvénients du don manuel. Qu'on se rappelle en effet ce qui a été dit au sujet de la preuve et quelles traces peut laisser après elle une simple tradition matérielle. Comment constater dans un patrimoine la disparition d'une certaine quantité de numéraire ou de quelques valeurs au porteur? Comment surtout, en l'absence de tout écrit, prouver l'enrichissement du donataire? Aussi a-t-on vu se servir du don manuel pour frauder les droits de famille les plus sacrés et pour éluder les plus sages dispositions du Code. C'est bien en vain que la loi a voulu garantir l'égalité des partages et exclure des libéralités certaines personnes, enfants adultérins, médecins de la dernière maladie, etc..., si l'on doit toujours trouver dans le don manuel un moyen facile d'échapper à ses prohibitions.

Dans nombre de cas cependant, une personne peut avoir des motifs plus légitimes de cacher ses libéralités, soit au public, soit à sa famille, de son vivant ou même après sa mort. Il en sera surtout ainsi lorsque le gratifié, au lieu d'être un individu déterminé, est un établissement, une congrégation, une œuvre quelconque, et qu'en outre du secret qu'on voudra garder vis-à-vis des siens, on aura le désir de trouver un mode de donation qui, par sa nature même, échappe nécessairement à la surveillance et à toutes les entraves de l'autorité administrative. Il apparaît dès lors clairement que le don manuel sera le meilleur moyen de réaliser facilement ce projet, puisqu'il conférera à l'établissement ou à l'œuvre donataire une possession très sûre et à l'abri de toute revendication, tout en les mettant en dehors des règlements administratifs.

En un mot le don manuel adressé aux personnes morales est d'une pratique constante, et, comme toutes les institutions sur lesquelles la loi est restée muette, il a engendré, dans cette sphère d'application, plus encore que dans toute autre, une multitude de procès où les circonstances de fait ont été trop souvent les seuls guides de nos juges. Aussi ne sera-ce peut-être pas faire une œuvre inutile que de recueillir et de coordonner les efforts communs de la jurisprudence et de la doctrine en cette matière, pour essayer d'en dégager au moins quelques principes de droit pur ou d'équité sur un sujet qui intéresse tout ensemble les individus, les familles et l'Etat lui-même.

L'article 910 du Code civil s'exprime en ces termes : « Les dispositions entre vifs ou par testament au profit des hospices, des pauvres d'une commune, ou d'établissements d'utilité publique n'auront leur effet qu'autant qu'elles seront autorisées par une ordonnance royale. » En vertu de cet article, les personnes de mainmorte sont frappées d'une incapacité absolue de recevoir à titre gratuit, puisqu'elles ne peuvent recevoir sans autorisation. En édictant cette règle si importante de l'autorisation administrative, les législateurs du Code civil ont voulu : 1° sauvegarder les intérêts particuliers des familles qu'un de leurs membres pourrait si facilement compromettre par des fondations ou d'autres libéralités hors de proportion avec ses ressources personnelles; 2° protéger les établissements de mainmorte eux-mêmes en les empêchant d'accepter inconsidérément des libéralités faites dans des conditions trop onéreuses pour elles ; 3° prévenir les dangers que peut offrir une trop grande accumulation de biens entre les mains de ces personnes, au point de vue politique, économique et social, soit parce qu'elles tendent à acquérir ainsi une trop grande puissance, soit surtout parce que les biens qui leur appartiennent sont en fait souvent mal gérés, et en tous cas retirés de la circulation.

L'article 910 a été complété : 1° par la loi du 2 janvier 1817 qui en a fait dans son article 1er l'application aux établissements ecclésiastiques : « Tout établissement ecclésiastique reconnu par la loi pourra accepter avec l'autorisation du roi tous les biens meubles, immeubles, ou rentes qui lui seront donnés par acte entre vifs ou de dernière volonté ; 2° et par l'ordonnance du 2 avril 1817 qui a déterminé les règles à suivre pour l'acceptation et l'emploi des dons et legs qui peuvent être faits en faveur de tous les établissements publics, d'utilité publique et à toutes les associations religieuses.

Les développements qui vont suivre ne seront que l'interprétation détaillée de cet article 910, et l'examen de toutes les difficultés pratiques auxquelles son application a pu donner lieu en ce qui concerne les dons manuels.

Nous allons d'abord envisager le don manuel aux personnes morales sous sa forme la plus simple, c'est-à-dire le don exempt de charges et émanant d'un donateur connu, et nous l'étudierons dans ses rapports avec les articles 910 et 937. Les dons manuels avec indication de charges, et tous ceux qui échappent à l'application de l'article 910; ceux qui émanent de donateurs anonymes, et enfin ceux qui s'adressent à une association non reconnue feront l'objet d'une seconde partie.

PREMIÈRE PARTIE

LE DON MANUEL NORMAL.

CHAPITRE PREMIER

PRINCIPE DE LA NÉCESSITÉ DE L'AUTORISATION EN CE QUI CONCERNE LES DONS MANUELS. — L'ARTICLE 910 LEUR EST-IL APPLICABLE ?

Obéissant à des considérations d'ordres très divers et très puissants, les rédacteurs du Code civil ont frappé les personnes morales du Droit administratif : départements, communes, hospices, congrégations religieuses autorisées, d'une incapacité absolue de recevoir à titre gratuit, incapacité dont elles ne peuvent être relevées que par une autorisation du gouvernement. Cette incapacité doit-elle subsister même quand il s'agit d'accepter un don manuel, et l'autorisation administrative est-elle obligatoire pour une pareille libéralité ? Voilà la première question qui se pose tout naturellement : hâtons-nous de dire qu'elle est aujourd'hui résolue presque unanimement et dans

2

le sens de l'affirmative. Mais il n'en a pas toujours été ainsi, et durant de longues années, les auteurs et la jurisprudence ont différé d'opinions à ce sujet.

PREMIER SYSTÈME (1). — Le don manuel, disaient les partisans de la négative, est valable par la seule tradition de l'objet donné, indépendamment de toute forme solennelle, lorsque le donataire est un simple particulier ; pourquoi en serait-il autrement lorsque le donataire est une personne morale ? Comment voudrait-on appliquer au don manuel qui est affranchi de toute condition de forme, qui ne relève pour ainsi dire que du droit naturel, la règle de l'article 910 qui est précisément une règle de forme? « Cette espèce de libéralité, disait la Cour de cassation dans son arrêt du 10 novembre 1833, est consommée par le dessaisissement du donateur et l'appréhension que fait le donataire de la chose donnée. »

On avait fait encore valoir en faveur de ce système que l'article 910, en prescrivant l'autorisation administrative pour les donations entre vifs, n'a visé que les donations faites par acte et nullement les libéralités qui sont valables indépendamment de tout acte, comme le sont les dons manuels. Les rédacteurs du

(1) Voir à l'appui de ce système : Cour de cassation, 26 novembre 1833 (D. 34. 1. 40) confirmant Bourges, 21 novembre 1831 (D. 33. 2. 25) ; Paris, 12 janvier 1835 (D. 35. 2. 46). Saintespès-Lescot, *Donations entre vifs et testaments*, t. 1, n°s 262 et suivants; Affre, *Traité de l'administration des paroisses*, 1re partie, t. II, chap. III, art. 1er, p. 158 ; Vazeilles, sur l'art. 937, n° 9.

Code n'ont fait en cela que reproduire les dispositions de l'Edit de 1749. « Cet édit, remarque Jaubert dans son rapport au Tribunat, ne soumettait à ses réglementations que les libéralités faites par acte. » La pratique administrative s'efforça surtout de mettre ce système en vigueur du jour où la loi du 10 mai 1850 vint assujettir aux droits de mutation les actes portant déclaration ou reconnaissance d'un don manuel. C'est ainsi qu'en 1859, sous le titre de jurisprudence du ministère de l'intérieur, le *Mémorial des Percepteurs* a publié une consultation de laquelle il ressort que les dons manuels, s'ils sont faits purement et simplement et sans aucune charge, sont faits valablement sans acte et sans l'autorisation prescrite par l'article 910.

Voici les termes de cette consultation qui sont on ne peut plus catégoriques (*Mémorial des Percepteurs*, 1859, page 126). « La question, dit-elle, est la même qu'il s'agisse de valeurs minimes, comme celles qu'on reçoit pendant une quête, ou qu'il s'agisse de sommes importantes ; ce n'est pas le chiffre, mais le mode des transmissions qui détermine la nécessité d'un acte authentique et celle d'une autorisation administrative. » « Les articles 932 et 937 du Code civil, disait encore la Cour de cassation, s'appliquent aux donations entre vifs, constatées par acte passé devant notaire, et non aux dons manuels qui ne sont soumis à aucune formalité. »

Deuxième système. — Ce système fut bientôt abandonné. Il était en opposition manifeste avec les principes généraux qui dominent la matière du don manuel et qu'il convient maintenant de rappeler. Le don manuel, s'il est affranchi de toutes les entraves du droit positif quant à la forme, c'est-à-dire de toutes les règles de la solennité des donations entre vifs, lui demeure au contraire soumis quant au fond, pour tout ce qui concerne notamment les incapacités de disposer et de recevoir. Or, l'article 910, placé au chapitre II intitulé « De la capacité de disposer et de recevoir » n'appartient nullement à la catégorie des dispositions de forme. Comme le dit fort bien M. Colin dans son étude de jurisprudence et de législation sur les dons manuels, « l'article 910 n'a pas seulement pour effet de retarder jusqu'à l'autorisation l'exécution d'une libéralité déjà parfaite, mais il règle la capacité même de recevoir, puisque c'est l'autorisation qui peut seule conférer à l'établissement donataire une capacité qu'il n'a point par le seul fait de la reconnaissance ». (Colin, page 133.)

De plus les termes de l'article 910 sont formels : l'article 910 ne dit pas : « Les actes de donation...... n'auront leur effet qu'autant que..... etc., mais bien : « Les dispositions entre vifs..... » Que peut-on de plus général que ce terme, et comment prétendre que les simples dons manuels sont restés en dehors de la règle édictée par le Code ?

Donc, à ne consulter que la loi elle-même et son texte, l'affirmative parait déjà certaine. Elle devient évidente si l'on considère son esprit et son but. Quelles sont les raisons qui ont poussé le législateur à frapper ainsi d'incapacité les personnes morales ? Il a voulu à la fois protéger les droits de la famille et maintenir les établissements publics dans le cercle de leurs attributions. Or ces raisons ne perdent rien de leur valeur quand il s'agit de dons manuels. Il est inadmissible que, si les personnes civiles ont une capacité subordonnée à l'autorisation, en suspens jusqu'à cette autorisation, pour l'acceptation des donations et des legs ordinaires, elles puissent avoir une capacité plus étendue pour l'acceptation des dons manuels. Autrement il serait trop facile (par une simple tradition) d'enfreindre les précautions que le législateur a prises pour modérer et au besoin empêcher les acquisitions à titre gratuit de tous ces établissements.

Donc l'exception que l'on voudrait admettre à la nécessité de l'autorisation comme condition de capacité serait contraire au motif d'ordre public sur lequel repose la disposition de l'article 910 ; si l'on veut une analogie, il doit en être de ce cas du défaut d'autorisation comme de celui où le don manuel porterait atteinte à la réserve légale, et assurément son immunité des formes ordinaires de la donation comme contrat resté dans les termes du droit des gens, ne suffirait pas pour l'affranchir de la réduction à la quotité disponible. Toutes ces considérations, la Cour de Paris les a bien comprises, et cette phrase de son arrêt de 1850 nous semble les résumer parfaitement: « Protégés quant à la forme par la simplicité du droit naturel, les dons manuels doivent être assujettis quant au fond aux précautions prises par le droit positif pour mettre un frein aux donations imprudentes; notamment en ce qui concerne les établissements publics, ce serait en vain que le législateur aurait pris de sages mesures pour modérer les acquisitions à titre gratuit, si par le moyen de dons manuels exorbitants, il était permis d'échapper à la surveillance de l'autorité supérieure » (1).

En résumé, la doctrine et la jurisprudence sont aujourd'hui parfaitement d'accord pour admettre que l'article 910 en statuant sur les acceptations de dispositions entre vifs et testamentaires, a statué même en ce qui concerne les dons manuels et que, en conséquence, les personnes morales sont tout aussi incapables d'accepter de leur propre autorité un don manuel qu'une donation entre vifs ou un legs (2). Mais

(1) Voir à l'appui de ce système. — Cour de Poitiers, 19 janvier 1829 (réformée par arrêts de Bourges et de cassation précités) (D. 33.2.25); Paris, 22 janvier 1850, Garnier (D. 50.2.27); Paris, 7 décembre 1852 (D. 53.2.92); Paris, 28 janvier 1881 (D. 82. 2.103); Nancy, 29 avril 1893 (D. 94.2.335). Demolombe, *Donations*, t. 1, p. 603; Laurent, t. XI, n° 301; Aubry et Rau, t. 7, p. 649, note 67; Foucart, *Droit administratif*, t. 3, n° 1595; Vuillefroy, *Culte catholique*, p. 282, note B; Dufour, *Droit administratif*, t. V, n° 351.

(2) Le principe se trouve nettement posé et appliqué dans une

nous aurons à constater par la suite que, dans la pratique administrative, cette rigueur est considérablement atténuée, les exceptions à la règle (pour de très bons motifs d'ailleurs) devenant presque aussi fréquentes que son application même.

circulaire que le ministre de l'intérieur adressait aux préfets le 31 janvier 1887, et dont nous extrayons ce passage : « D'après la jurisprudence du Conseil d'Etat, l'article 910 du Code civil s'applique aux dons manuels aussi bien qu'aux autres libéralités. Je vous prie en conséquence, monsieur le Préfet, de veiller à ce que dorénavant les commissions administratives des établissements de bienfaisance soumettent à l'approbation de l'autorité compétente toutes celles de leurs délibérations qui seraient prises en vue d'accepter les dons manuels ».

CHAPITRE II

DE LA NÉCESSITÉ DE L'AUTORISATION PRÉALABLE EN CE QUI CONCERNE LES DONS MANUELS.

« Les donations faites au profit d'hospices, des pauvres d'une commune ou d'établissements d'utilité publique seront acceptées par les administrateurs de ces communes ou établissements après y avoir été dûment autorisés ». Ainsi s'exprime l'article 937 du Code civil ; sa disposition est-elle applicable aux dons manuels, comme aux donations faites par actes ?

L'article 937 et l'article 910 sont étroitement liés l'un à l'autre ; celui-ci ayant affirmé la nécessité de l'autorisation, celui-là détermine à quelle époque cette autorisation devra intervenir pour être efficace. Toute personne morale est incapable d'accepter une libéralité, quelle qu'elle soit, donation ou legs, tant qu'elle ne s'est pas munie de l'autorisation administrative (sauf cependant les quelques exceptions introduites par les lois du 18 juillet 1837, du 10 mai 1838, et du 7 août 1851, et sur lesquelles nous aurons occasion de revenir un peu plus loin). Si elle acceptait avant cette autorisation, son acceptation ne serait pas valable en ce sens qu'elle ne lierait pas le donateur.

La donation pourrait en effet jusqu'au jour de l'autorisation, soit par la rétractation du donateur, soit par sa mort, soit enfin par un simple changement survenu dans sa capacité de donner, demeurer nulle et non avenue ; c'est la conséquence logique qui paraît résulter de l'article 937. Voilà le droit commun du Code à l'égard des donations entre vifs ordinaires. Ne doit-il subir aucune modification en ce qui concerne les dons manuels ? ou bien au contraire le don manuel, dès qu'il est reçu par l'établissement gratifié, lui confère-t-il un véritable droit à la chose donnée, un droit indépendant de la mort, du changement de capacité ou de volonté du donateur, et qui pourra seulement être résolu dans la suite si l'autorisation administrative ne vient pas le parfaire ?

La doctrine et la jurisprudence ont sur ce point des systèmes différents que nous allons examiner.

Premier système. — *Celui de la jurisprudence.* — D'après ce système, l'autorisation ne serait pour le don manuel qu'une condition en dehors de laquelle l'acceptation ne lierait pas moins le donateur, mais d'où dépendrait simplement l'efficacité de cette acceptation, et qui pourrait utilement s'accomplir à toute époque (1). Il faut en premier lieu, disent les parti-

(1) Paris, 7 décembre 1852 (D. 53. 2. 92); Paris, 14 mai 1864 (D. 66.2. 191); Paris, 23 janvier 1881 (D. 82.2. 105); Cassation, 18 mars 1867 (D.67. 1. 170). Demolombe, *Donations et testaments*, t. III, n° 63. Bayle-Mouillard sur Grenier, *Donations*, t. II, p. 96; Foucart, *Droit administratif*, t. III, n° 1595 ; Vuillefroy, p. 282. Dufour,

sans de ce système, ne pas confondre deux points de vue très distincts, en ce qui concerne l'autorisation des libéralités aux personnes morales : la nécessité de cette autorisation et les conditions dans lesquelles elle doit intervenir. L'article 910 a posé le principe même de l'autorisation dans des termes tellement généraux, que le don manuel ne peut pas ne pas s'y trouver compris. Cet article est placé d'ailleurs sous la rubrique : « De la capacité pour recevoir », par conséquent parmi les règles de fond. Au contraire l'article 937 détermine la condition de l'autorisation administrative, « le mode suivant lequel elle doit s'adjoindre à l'acceptation ». De plus il se trouve au chapitre « De la forme des donations ». Il n'atteint donc que les libéralités soumises à ces règles de forme, c'est-à-dire les donations authentiques, et nullement le don manuel.

D'ailleurs le don manuel, par sa nature même, résiste à l'application de l'article 937. Quel en est en effet l'élément essentiel ? Une remise matérielle de l'objet donné par le donateur ; une réception effective de cet objet par le donataire. L'acceptation résulte précisément et uniquement du fait même de cette réception ; mais, tandis que dans la donation authentique l'acte qui contient l'acceptation peut par-

Droit administratif, t. V, p. 390 et suivantes. Poitiers, 19 janvier 1829 (D. 33. 2. 25) ; Angers, 27 janvier 1848 (D. 49. 2. 92) ; Trib. d'Uzès, 24 février 1857 (D. 57. 3. 29).

faitement être distinct de celui qui contient la volonté de donner, que même de l'un à l'autre un certain laps de temps peut s'écouler, dans le don manuel l'offre et l'acceptation sont toujours concomitantes, parce que la remise de la chose et sa réception sont nécessairement inséparables. S'il en est ainsi, on ne peut exiger que l'autorisation administrative soit donnée entre l'offre du disposant et l'acceptation du gratifié. Imposer au donataire l'obligation d'attendre l'autorisation pour accepter ce qui lui est offert, ce serait rendre le don manuel matériellement impossible. Alors, si l'on veut absolument soumettre le don manuel à la règle de l'article 937, il ne reste plus qu'un moyen, c'est d'exiger que l'autorisation administrative soit préalable non seulement à l'acceptation, mais encore à l'offre même du donateur. Or, en arriver là, ne serait-ce pas se mettre en opposition directe avec l'esprit du Code civil sur cette matière? l'autorisation sollicitée avant même la remise des choses données porterait sur un don qui n'existe pas encore. « Le donataire n'aurait pas seulement à demander qu'on l'autorisât à recevoir, il demanderait aussi qu'on autorisât le donateur à donner puisqu'il ne l'a pas encore fait. L'une des parties serait ainsi autorisée à donner et l'autre à recevoir, quand le législateur suppose manifestement que l'autorisation est demandée pour accepter une donation déjà faite et dont il n'y a plus qu'à autoriser l'acceptation. »

(Note anonyme, Dalloz, 67.1.169.) Nous en arrivons donc à cette conclusion forcée que, en matière de dons manuels, l'autorisation exigée par l'article 910 ne peut survenir qu'après la mise en possession du donataire ; et, en sollicitant à cette époque l'autorisation administrative, le donataire ne demandera la permission ni de faire une acceptation postérieure, puisqu'elle a été consommée dès l'instant de la tradition, ni de réitérer une acceptation jusque-là insuffisante, puisque le don manuel n'en comporte pas d'autre que celle qui résulte de la réception des choses données, mais bien et uniquement l'appréciation et la sanction d'une acceptation déjà faite (1).

Aussi cette autorisation, à quelque époque qu'elle ait été demandée et obtenue, rétroagira-t-elle au jour de la remise. Pourvu, par exemple, que l'acceptation ait eu lieu du vivant du donateur, l'autorisation du don pourra intervenir très utilement après son décès ou après un changement dans sa capacité ; et surtout, c'est là la principale conséquence de ce système, l'acceptation d'un don manuel, en dehors même de toute autorisation, suffit à lier la volonté du donateur. De même, en raison de cette rétroactivité, le donataire

(1) Cette autorisation posthume ressemblera un peu, si toutefois l'on peut se permettre ce rapprochement, à la ratification donnée par un mineur devenu majeur, à un acte passé pendant la période d'incapacité ; ou encore à la ratification donnée par la femme mariée à un acte passé par son mari hors des limites de son pouvoir.

pourra faire acte de propriétaire avant même l'autorisation. Enfin, dernière conséquence, la nullité de la libéralité ne saurait être demandée pour cause de défaut d'autorisation préalable, ni par celui qui a reçu le don, ni par le donateur qui, en adoptant la forme du don manuel, a consenti implicitement à suivre la foi du donataire (1), ni enfin, pour les mêmes motifs, par les héritiers du donateur.

Il est bien évident au surplus que l'ordre public et l'intérêt des familles, double objet des préoccupations du législateur dans l'article 910, seront amplement sauvegardés par un examen postérieur du gouvernement. C'est ce que dit en substance la Cour de Paris dans son arrêt du 7 décembre 1852, qui a été le point de départ de la jurisprudence en ce sens : « Considérant que tous les principes sont sauvés pourvu qu'au point de vue de l'ordre public et de l'intérêt des familles, le gouvernement soit ultérieurement appelé à examiner si la libéralité n'excède pas les limites raisonnables. » Cependant si le donataire peut, à un moment quelconque, dix ou vingt ans après la mort du donateur, demander une autorisation qui suffira à parfaire rétroactivement son accepta-

(1) C'est ce qu'on lit en toutes lettres dans l'arrêt du 7 décembre 1852 : « Le donateur qui a saisi le donataire en s'affranchissant des formes du droit civil ne serait pas recevable à se plaindre du défaut d'autorisation puisqu'il a consenti à suivre la foi du donataire et qu'il a voulu que sa libéralité produisît son effet par la seule force du droit naturel. »

tion, il est bien à redouter qu'il ne remette indéfiniment l'accomplissement de cette formalité, pour arriver en fin de compte à éluder la loi. Ce danger n'a pas échappé à la jurisprudence ; ne pouvant, dans le silence de la loi, fixer un délai fatal passé lequel toute personne morale manuellement gratifiée ne pourrait plus utilement se pourvoir en autorisation, elle a trouvé un autre procédé pour empêcher que les donataires n'abusent de leur droit : elle permet en effet aux héritiers du donateur d'actionner l'établissement donataire, et de faire fixer sur leur demande un terme au delà duquel il ne sera plus admis à solliciter l'autorisation. Ainsi l'a décidé la Cour de Paris, confirmant un jugement qui avait ordonné : « que les donataires se pourvoiraient devant l'autorité compétente pour obtenir l'autorisation dans le mois du jour du jugement, et se mettraient en mesure de faire statuer dans le délai de six mois à partir de l'expiration du premier délai. » (Paris, arrêt du 7 décembre 1852.)

Enfin l'opinion de la jurisprudence se recommande de l'équité, du droit naturel auquel se rattache si étroitement le don manuel, et elle soutient qu'en lui appliquant sans réserve l'article 937 on serait conduit à un résultat fort peu équitable. En décidant, dit-elle, que toute acceptation faite avant l'autorisation administrative est non avenue, il faut décider forcément que l'établissement donataire ne peut faire aucun acte de prise de possession des valeurs données avant d'avoir obtenu l'autorisation administrative, sous peine de nullité de la libéralité qui lui est offerte, ce qui est souverainement injuste. C'est bien ce à quoi fait allusion la Cour de Paris, quand elle dit dans son arrêt du 14 mai 1864 : « Qu'il est impossible d'admettre en matière de don manuel que l'autorisation doive précéder l'acceptation. »

DEUXIÈME SYSTÈME. — *Celui de la doctrine.* — Le système de la jurisprudence satisfait incontestablement l'équité tout en facilitant la pratique du don manuel. Il a cependant trouvé de nombreux adversaires. On lui reproche de ne pas être légal, d'être inconciliable avec l'état présent de notre législation, et pour le combattre, voici à peu près comment on raisonne :

1° Comme l'article 910, dont il n'est que la conséquence, l'article 937 a traité une question de capacité, et, comme tel, il doit s'appliquer à toutes sortes de libéralités, aussi bien à celles qui sont faites par acte authentique qu'à celles qui s'effectuent par une simple tradition. En vain objecte-t-on que l'article 937 est placé sous la rubrique : « De la forme des donations » car, dans la section ainsi intitulée, on trouve des articles comme les articles 943 à 947 qui n'ont certainement pas trait à la forme. Si l'on reconnaît que le principe de l'autorisation contenu dans l'article 910 est applicable aux dons manuels comme à toutes les autres libéralités, parce qu'il y a là pour les personnes morales une condition essentielle de la capacité de recevoir à titre gratuit, on doit reconnaître par là-même que tant qu'elles ne sont pas autorisées, elles sont incapables de recevoir et par conséquent d'accepter valablement, même un don manuel. Il en résulte que l'établissement qui accepterait un don manuel avant d'y avoir été autorisé, ne serait censé avoir reçu du donateur qu'une offre, qu'une pollicitation.

En un mot, le don manuel est un contrat ; or il n'y a pas de contrat sans concours de volontés, et le concours de volontés ne peut être efficace si l'une des parties est incapable de consentir.

2° Mais, dit la jurisprudence, la nature même du don manuel résiste à l'application de l'article 937. Il est impossible en effet que l'autorisation ait lieu entre l'offre du donateur et l'acceptation du donataire, et d'autre part on ne peut, sans dépasser le but de la loi, exiger que l'autorisation précède le don lui-même. Erreur, répond la doctrine. Sans doute, entre particuliers, la simple remise *de manu ad manum*, suffit à elle seule à parfaire le don, parce qu'elle vaut tout à la fois comme offre et comme acceptation, et que offre et acceptation forment un tout indivisible. Mais si le don s'adresse à un établissement public. c'est tout différent : la remise aura beau impliquer acceptation, cette acceptation sera considérée comme non avenue tant que l'établissement donataire ne se sera pas muni de l'autorisation, toujours en vertu de ce principe : sans autorisation pas d'acceptation, au moins pas d'acceptation valable. Ce qui n'empêche pas bien entendu l'établissement d'avoir été possesseur matériel du meuble ou de la somme donnés, même avant de se pourvoir en autorisation, et d'en avoir tiré avantage malgré son incapacité. Seulement cette acceptation de fait, si l'on peut ainsi parler, n'a qu'un caractère tout à fait provisoire. Elle n'engendre aucun droit au profit du donataire, elle ne devient acceptation de droit et acceptation définitive que du jour de l'autorisation administrative, si à cette date rien n'est changé dans la capacité et dans la volonté des parties.

3° Le premier système prétend encore se justifier en disant que pratiquement l'autorisation postérieure est très suffisante pour sauvegarder l'ordre public et l'intérêt des familles. Or, rien n'est moins prouvé. Sans doute, si le gouvernement devait toujours et d'une manière certaine être appelé dans la suite à examiner les dons manuels faits aux personnes morales, pour se prononcer sur leur acceptation ou sur leur refus, les intérêts engagés à l'occasion de ces dons seraient tout à fait en sécurité. Mais on ne peut se dissimuler que les choses se passeront rarement de la sorte ; s'il est permis à toute époque, même après le décès du donateur, de se pourvoir de l'autorisation administrative, on attendra bien souvent pour la demander qu'un procès engagé l'ait rendue nécessaire. Jusque-là, la libéralité sera demeurée secrète, elle aura échappé à toute surveillance administrative, et c'est en vain que l'article 910 aura voulu prévenir un danger bien plus à craindre encore pour les dons manuels que pour les donations faites par acte (1).

4° Enfin le système de la jurisprudence s'insurge contre une conséquence très contraire à l'équité et qui découlerait, d'après elle, forcément de la nécessité de l'autorisation préalable : c'est la nullité de la libéralité elle-même infligée comme peine à tout donataire qui aurait fait acte de possession quelconque avant d'avoir obtenu l'autorisation. Mais cette conséquence est au contraire loin de s'imposer : de ce que le don manuel aux personnes morales ne trouve sa perfection que dans le fait même de l'autorisation, il ne s'ensuit pas du tout que le représentant d'un établissement auquel il est adressé ne puisse faire avant l'autorisation aucun acte de possession sur les meubles ou les valeurs qui font l'objet de ce don manuel.

(1) N'est-ce pas, dit-on, cette même pensée qui inspirait déjà les rédacteurs du Code lorsqu'ils discutaient l'article 937, à en juger du moins par cette phrase de Malleville : « Quelqu'un dit que l'acceptation des administrateurs devait provisoirement suffire pour valider la donation, de peur qu'en attendant l'autorisation, le donateur ne changeât de volonté. » Mais M. Bigot de Préameneu répondit : « qu'on ne pouvait par aucune considération supposer aux administrateurs le pouvoir d'accepter sans y être autorisés. » (Séance du Conseil d'Etat, 12 ventôse an XI.) Voir Fenet, t. XII, p. 358.

L'acceptation consiste avant tout, mais non pas exclusivement, dans la réception matérielle des objets livrés par le donateur ; elle peut aussi parfaitement consister dans une sorte de *traditio brevi manu* et voici dans quel sens : Jusqu'à l'autorisation, l'établissement possédait les objets donnés à titre précaire, et à charge de rendre ; en d'autres termes, il ne possédait qu'en vue d'un don manuel projeté ; à partir de l'autorisation, il possédera à titre de propriétaire et d'une façon définitive.

Tout ce qui résulte de ce second système, c'est que l'autorisation pour être valable doit intervenir avant tout changement dans la volonté ou dans la capacité du donateur. Alors seulement l'acceptation de l'établissement donataire viendra parfaire le don manuel, car toute acceptation qui aurait été faite antérieurement était non pas irrégulière ou incomplète, comme le veut la jurisprudence, mais nulle et non avenue. Elle ne liait donc ni l'établissement gratifié au nom duquel elle avait été faite, ni le donateur ; et celui-ci restait libre, jusqu'à ce que l'autorisation ait été donnée, de retirer son offre et de réclamer les sommes déjà transmises (1).

(1) Poitiers, 19 janvier 1829 (D. 33. 2. 25) ; Paris, 22 janvier 1850 (D. 50. 2. 27); Paris, 7 décembre 1852 (D. 53. 2. 92); Paris, 26 janvier 1881 (D. 82. 2. 103) ; Nancy, 29 avril 1893 (D. 94. 2. 335). Laurent, t. XI, n° 300 ; Aubry et Rau, t. 7, § 649, note 68 ; Foucart, *Droit administratif*, t. III, n° 1595 ; Vuillefroy, *Culte*

Exceptions apportées à l'application de l'article 937, par des lois postérieures.

Il faut croire malgré tout que l'application de l'article 937 aux dons manuels, très soutenable au point de vue purement théorique, est bien peu en rapport avec la nature même de ces libéralités, et bien incommode dans la pratique, car depuis 1804 nous avons déjà plusieurs lois qui, en termes formels, autorisent les représentants légaux de certains établissements publics limitativement déterminés à accepter provisoirement, mais très valablement, les libéralités qui seraient adressées à ces établissements. En introduisant ces dérogations, le législateur avait en vue les donations faites par acte authentique ; mais personne ne fait difficulté pour les étendre aux donations manuelles, car les mêmes raisons militent en faveur des unes et des autres. La première en date de ces lois, c'est *la loi des* 18-20 *juillet* 1837. Dans son article 48, elle donne au maire d'une commune le pouvoir d'accepter provisoirement, en vertu de la délibération de son conseil municipal, tout don manuel adressé à cette commune ; sans doute cette acceptation ne sera faite qu'à titre conservatoire, et dans le but de permettre aux représentants de la commune de prendre les mesures propres au main-

catholique, p. 282, note B ; Dufour, *Droit administratif*, t. V, n° 351.

tien des droits nés du don manuel. Mais l'autorisation qui surviendra ultérieurement rétroagira au jour de cette acceptation à titre conservatoire.

L'article 31 de la *loi des* 10-12 *mai* 1838, reproduit plus tard par l'article 53 de la loi des 10-29 août 1871, confère un pouvoir identique aux préfets en ce qui concerne les dons manuels adressés aux départements.

Enfin ce même privilège est accordé par l'article 7 de *la loi des* 15-20 *juillet* 1850 aux gérants et administrateurs des sociétés de secours mutuels, et par l'article 11 de la *loi des* 7-15 *août* 1851 aux Présidents des commissions administratives des hospices après délibération de ces commissions, pour toutes les libéralités adressées à ces établissements; et, dans tous ces cas, comme dans le premier, l'acceptation provisoire sera rétroactivement validée par toute autorisation ultérieurement sollicitée et obtenue. Dans tous ces cas aussi, comme le disent fort justement MM. Aubry et Rau : « l'acceptation provisoire suffira pour lier le donateur, et pour empêcher que son décès arrivé avant l'acceptation définitive, ne fasse évanouir la donation (1). »

Comme toutes les dispositions exceptionnelles, celles-ci sont limitativement déterminées et on ne peut les étendre par analogie à d'autres cas que ceux pré-

(1) Aubry et Rau, t. 7, § 649, p. 40 ; Laurent, t. XI, n° 303.

vus par les précédentes lois. C'est du moins ce que prétend la doctrine, car la tendance de la jurisprudence paraît être au contraire de généraliser ce système de l'acceptation à titre conservatoire, et de l'autorisation opérant rétroactivement au profit de tout établissement public gratifié par voie de don manuel.

CHAPITRE III

DE QUI DOIT ÉMANER L'AUTORISATION A L'ÉGARD DES DONS MANUELS. — FORMES DE CETTE AUTORISATION.

Si les dons manuels adressés aux personnes morales n'échappent pas, au moins en principe, à l'obligation de l'autorisation administrative posée par l'article 910, il importe de savoir par qui et comment seront autorisés ces dons.

1° De qui doit émaner l'autorisation.

Les règles en cette matière diffèrent suivant que le don manuel est adressé à un département, à une commune ou à un établissement public.

A. *Le don manuel est adressé à un département.* — La loi du 10 mai 1838 disposait dans son article 31 que l'acceptation ou le refus des dons et legs faits à un département ne peut, si minimes que soient la valeur et l'objet de ces dispositions, être autorisé que par un acte du pouvoir exécutif après avis du Conseil d'Etat. Mais le préfet avait toujours la faculté d'accepter provisoirement.

Le décret du 25 mars 1852 donna au contraire aux préfets, dans un but de décentralisation administrative, le pouvoir de statuer, sans recours à l'autorité supérieure, sur l'acceptation ou le refus de *tous* les dons faits aux départements « sans charge ni affectation immobilière », et lorsqu'il n'y a pas de réclamation de la part des familles.

Si les dons donnaient lieu à réclamation, le préfet ne pourrait les accepter ou les refuser qu'en vertu de l'autorisation gouvernementale. Mais, depuis la loi du 18 juillet 1866 (art. 1, § 5), les libéralités faites au département sans qu'il y ait charge ni réclamation, sont acceptées ou refusées valablement par une simple délibération du conseil général et en dehors de toute autorisation administrative.

Enfin la loi du 10 août 1871 (art. 46, § 5) accorda le même droit aux conseils généraux en ce qui concerne les libéralités faites avec charges ou affectations immobilières, pourvu toutefois qu'il n'y ait aucune réclamation des familles.

B. *Le don manuel est adressé à une commune.* — D'après la loi du 18 juillet 1837 (art. 48), les délibérations du conseil municipal ayant pour objet l'acceptation des dons d'objets mobiliers ou de sommes d'argent faits aux communes ainsi qu'aux établissements communaux, n'étaient exécutoires qu'en vertu d'un arrêté du préfet, lorsque leur valeur ne dépassait pas 3.000 francs et qu'il n'y avait aucune réclamation de la part des héritiers. Dans le cas contraire, une ordonnance royale était nécessaire. La loi du

25 mars 1852 donna aux préfets le pouvoir d'autoriser tous les dons, même ceux supérieurs à 3.000 francs, qui ne soulèveraient pas de réclamation ; et celle du 13 avril 1861 conféra ce même pouvoir aux sous-préfets. Enfin la loi du 24 juillet 1867, maintenue en ce point par la loi du 5 avril 1884, décida que les conseils municipaux pourraient, par leur seule délibération, et sans avoir besoin d'aucune autorisation, accepter les dons faits à la commune sans charge, et ne donnant pas lieu à réclamation, pourvu toutefois qu'ils fussent d'accord sur ce point avec le maire. Mais si le maire et le conseil municipal sont d'avis différents, la délibération du conseil ne sera exécutoire qu'après approbation du préfet. De plus, s'il s'agit d'un don fait avec charge ou affectation immobilière, ou si ce don donne lieu à réclamation de la part des héritiers, l'autorisation devra être donnée par décret, conformément à la loi de 1837. (Ce décret devrait même être rendu en assemblée générale du Conseil d'Etat, si le don était d'une valeur supérieure à 50.000 francs.)

C. *Le don manuel est adressé à un établissement public ou d'utilité publique.* — Pour cette catégorie d'établissements qui comprend : les églises, les évêchés, les chapitres, les grands et petits séminaires, les cures et succursales, les fabriques, les hospices, les collèges, les sociétés de secours mutuels, d'assistance publique, les monts-de-piété, les consistoires protestants et israélites, etc., les règles de l'autorisation administrative sont contenues dans la loi du 2 janvier 1817, confirmée par l'ordonnance du 2 avril de la même année. Les dispositions entre vifs de biens meubles à ces établissements ne pourront, dit cette ordonnance, être acceptées qu'après avoir été autorisées par le gouvernement, le Conseil d'Etat entendu, et sur l'avis préalable des préfets et des évêques, suivant les cas. Mais, en revanche, les dons en argent ou en objets mobiliers n'excédant pas 300 francs, c'est-à-dire la généralité des dons manuels, pourront être autorisés par les préfets.

Telle est la règle générale ; mais des dérogations importantes ont été par la suite apportées à cette loi de 1817 :

1° Par le décret du 25 mars 1852 ; ce décret a accordé en effet au *préfet* le pouvoir d'autoriser les dons, de quelque valeur qu'ils soient, adressés aux établissements de bienfaisance (bureaux de bienfaisance, hospices, monts-de-piété, etc.) lorsqu'il n'y a ni charge ni affectation immobilière, ni réclamation des familles.

2° Par la loi du 13 avril 1861 qui permet aux *sous-préfets* de statuer sur l'acceptation par les bureaux de bienfaisance des dons d'objets mobiliers ou de sommes d'argent inférieurs à 3.000 francs et pour lesquels il n'y a pas de réclamation des héritiers.

3° Par le décret du 15 février 1862 en vertu duquel

tous les dons manuels en argent, d'une valeur inférieure à 1,000 fr., adressés aux fabriques des églises sont autorisés par le préfet, « s'ils ne donnent lieu à aucune réclamation et ne sont grevés d'autres charges que l'acquit des fondations pieuses dans les églises paroissiales et de dispositions au profit des communes, hospices, bureaux de bienfaisance. » Le même droit est accordé aux préfets par le décret du 26 mars 1852 (art. 8) en ce qui touche les dons mobiliers adressés aux sociétés de secours mutuels approuvées par arrêté préfectoral, lorsqu'ils n'excèdent pas 5,000 francs. (Nous rappelons que, en vertu du même décret, les dons mobiliers sont les seuls qui puissent être adressés à une société de secours mutuels de cette catégorie. Ces dons pourraient d'ailleurs, quoiqu'on l'ait contesté, dépasser 5,000 francs ; mais alors ils devraient être autorisés par décret.)

Dans tous les cas où un don est fait soit à une commune, soit à un établissement public ou d'utilité publique par disposition *connexe*, l'autorisation doit être donnée par décret (1).

Enfin il convient d'ajouter : que les dons faits avec charges de services religieux ne sont autorisés qu'après approbation de l'évêque diocésain (ordonnance du 2 avril 1817) ; que les dons au profit de l'Assistance publique sont autorisés sur l'avis du Conseil de sur-

(1) Avis du Conseil d'Etat du 10 mars 1868 (D. 68.3.93).

veillance (Loi du 10 janvier 1849) ; que les dons au profit des hospices et hôpitaux sont autorisés sur l'avis de la commission administrative (Loi du 7 août 1851).

L'autorisation, de quelque autorité qu'elle émane, ne fait jamais que sanctionner et rendre exécutoires les dons manuels pour l'acceptation desquels elle est exigée ; mais elle n'en préjuge nullement la validité ; aussi cette validité peut-elle toujours être contestée par la suite devant les tribunaux (1).

2° Formes de l'autorisation.

L'autorisation administrative prescrite par l'article 910 pour les dons manuels n'est soumise à aucune forme spéciale. Encore moins a-t-elle besoin de revêtir des termes sacramentels. Elle peut même être donnée implicitement. C'est du moins ce qui a été jugé par la Cour de Bourges le 21 novembre 1831 (D. 33. 2. 25). Elle a décidé que l'ordonnance qui autorise l'emploi de la somme remise à titre de don manuel à l'administration d'un séminaire, constitue une autorisation implicite et suffisante à l'acceptation de ce don, quoiqu'elle n'indique pas le nom du donateur. Cet arrêt a été maintenu par la Cour de cassation (26 novembre 1833, déjà cité). La Cour de cas-

(1) Colmar, 31 juillet 1823, Affaire Meinrad-Munch. (Dalloz, Rép., *Dispositions*, n° 419 et note 2).

sation, dans un arrêt du 7 juillet 1834 (1), a décidé de même qu'il suffit absolument que l'acceptation d'un legs universel fait à une ville ait été autorisée, pour qu'une nouvelle autorisation ne soit pas nécessaire à une autre commune qui se prétend gratifiée d'un don particulier ou d'une fondation contenue dans le même testament.

Pour que l'autorité administrative puisse statuer en connaissance de cause, l'ordonnance du 14 janvier 1831 a prescrit certaines précautions, entre autres, que l'établissement donataire produise un état de son actif et de son passif, vérifié et certifié par le préfet. De plus, lorsque le don manuel est fait avec charges, le Conseil d'État exige que la libéralité ait été au préalable réalisée dans la forme légale (Avis du Conseil d'État du 4 juin 1840). Nous aurons du reste occasion de revenir sur ce point lorsque nous traiterons du don manuel avec charges. — Enfin, puisque les conseils généraux et les conseils municipaux ne peuvent statuer sur les dons et legs faits au département ou à la commune que s'il n'y a pas réclamation de la famille, il faut nécessairement que ces conseils s'assurent que les héritiers ont consenti à la délivrance des libéralités, ou que du moins ils ont été appelés à se prononcer par une mise en demeure régulière. — (*Conf.* Circul. min. Int., 3 août 1867, D. P. 67. 3. 73.)

(1) *Journal des audiences*, 1834, 1, 296.

Ces précautions prises, l'administration peut, soit autoriser l'acceptation du don, soit l'interdire. Quant au moyen terme qui consisterait à l'autoriser pour partie, à le réduire, il ne s'applique qu'aux libéralités testamentaires, et cela s'explique parfaitement, en fait comme en droit : en droit, car la donation entre vifs suppose avant tout le concours des volontés, et les volontés ne concourent pas, quand elles portent sur un objet différent ; or ici le donataire accepterait un chiffre autre que celui offert par le donateur ; qu'importent, au contraire, les vices du consentement en matière de testament puisque le testament n'est pas un contrat mais un acte, c'est-à-dire l'œuvre d'une seule volonté, la volonté du testateur ; en fait, parce que le donateur, existant encore, pourra toujours recommencer sa libéralité en la renfermant dans les limites imposées, tandis que le testateur ne le pourrait pas.

A part cette restriction, l'administration a le droit de sanctionner par son autorisation telle ou telle modalité qu'il a plu au disposant d'apporter à sa libéralité (en supposant bien entendu, ce qui est très douteux, qu'on puisse donner effet à de semblables modalités, lorsqu'elles n'ont pas été constatées par acte authentique). — L'ordonnance de 1831 a cependant limité les pouvoirs de l'administration dans un seul cas : elle lui a interdit d'autoriser, pour quelque motif que ce soit, les donations faites à des établissements ecclésiastiques ou à des communautés religieuses avec réserve d'usufruit au profit du donateur. Ce genre de libéralités, avec réserve d'usufruit, a paru trop propice à la spoliation des familles.

L'administration peut enfin, quand des sommes d'argent ont été données pour être distribuées aux pauvres, ordonner, en autorisant l'acceptation, que le capital en sera placé en rentes sur l'Etat, pour que les arrérages en soient servis annuellement à l'établissement donataire par ceux qu'aura choisis le donateur (1).

Lorsqu'un établissement public, auquel est adressé un don manuel, n'est pas dans l'intention d'accepter ce don, ou tout au moins néglige de se pourvoir en autorisation, le gouvernement a-t-il le droit de *l'autoriser d'office* à accepter?

Ni les articles 910 et 937, auxquels il convient toujours de se reporter en cette matière, ni les dispositions légales antérieures ne permettent de croire que le législateur se soit jamais préoccupé de contraindre les établissements à recevoir des libéralités qu'ils ne voulaient ni revendiquer, ni recueillir. La crainte de l'enrichissement exagéré des personnes de mainmorte qui a préoccupé à un si haut point et à toutes les époques les gouvernements, qui leur a suggéré tant de mesures

(1) Voir en ce sens : Douai, 11 février 1845 (D. 45. 2. 59) ; Bordeaux, 26 juin 1845 (D. 45. 4. 150).

restrictives, eût certainement suffi pour s'opposer à ce qu'ils songeassent à enrichir malgré elles les personnes morales.

En revanche, depuis la promulgation du Code civil, plusieurs lois et ordonnances édictées au sujet d'établissements publics déterminés reconnaissent implicitement le droit d'autorisation d'office, et en particulier la loi du 18 juillet 1837 dont l'article 48 s'exprime en ces termes : « Les délibérations portant *refus* des dons et legs ne seront exécutoires qu'en vertu d'une ordonnance du roi ». Reconnaître au Gouvernement le droit d'apprécier les raisons sur lesquelles se fondent de pareilles délibérations, et de prendre une décision en sens contraire, lorsqu'il ne les juge pas conformes à l'intérêt du donataire, c'est lui reconnaître implicitement le droit d'autoriser d'office l'acceptation des dons et legs faits aux communes et aux autres établissements publics ; aussi ce droit a-t-il été consacré par une jurisprudence constante, particulièrement par un arrêt au contentieux du Conseil d'Etat du 14 avril 1864.

Et en effet, si l'on songe que le principe de l'autorisation administrative est basé non seulement sur des motifs d'ordre politique et économique, mais aussi sur la protection des personnes civiles elles-mêmes, il est d'évidence que l'intervention de l'Etat, pour être efficace, doit comprendre à son égard la faculté d'accepter d'office une libéralité que l'établissement gratifié, entendant mal ses intérêts, a négligé d'accepter, ou même a refusée.

Le droit d'autoriser d'office, contre l'intérêt de la famille, doit nécessairement être complété par celui de *refuser d'office*, dans l'intérêt de la famille. L'autorité supérieure peut donc, après avoir mis l'établissement donataire en demeure de s'expliquer dans un certain délai, statuer d'office sur le refus d'autorisation. Au surplus, toute décision de ce genre, refus ou autorisation, pour être rendue avec équité, doit suivre d'aussi près que possible les faits accomplis. Plus tard, les preuves se seront affaiblies, les situations respectives auront changé, et l'appréciation deviendra forcément plus ou moins arbitraire.

Quant à la *réduction d'office*, il ne peut en être question en matière de dons manuels pour les motifs indiqués plus haut.

CHAPITRE IV

APPLICATIONS SPÉCIALES DU PRINCIPE DE L'AUTORISATION EN MATIÈRE DE DONS MANUELS. — DONS MANUELS FAITS AUX PERSONNES MORALES PAR INTERMÉDIAIRE.

L'application pratique des principes généraux que nous avons déduits des articles 910 et 937 du Code civil ne fait aucune difficulté lorsqu'il s'agit de don manuel adressé *directement* et *purement et simplement* par un donateur *connu* à un établissement public ; mais il n'en est plus de même lorsque le donateur, pour accomplir sa libéralité, a eu recours à un intermédiaire. Un certain nombre de questions intéressantes ont été tranchées à ce sujet, soit par la doctrine, soit par la jurisprudence : nous allons les examiner tour à tour. Il arrivera bien souvent, presque dans la plupart des cas, que les décisions auxquelles nous ferons allusion auront été rendues à propos de donations entre vifs ordinaires ou même de legs ; mais l'identité des motifs nous permettra de les étendre sans scrupule aux dons manuels. Au reste, si la jurisprudence ne nous a offert jusqu'à présent que fort peu d'exemples de solutions données en pareille matière à propos de dons manuels, on aurait tort d'en conclure que ces dispositions n'ont pas été fréquentes. Seulement les personnes qui ont effectué des libéralités par la voie du don manuel et qui voudraient à ce sujet porter en justice leurs revendications reculent le plus souvent devant la difficulté des preuves à fournir et le peu de chances de succès.

L'hypothèse la plus simple d'un don manuel fait par intermédiaire à une personne morale est celle-ci : je charge un tiers de faire de ma part remise de telle somme à la commission administrative d'un hospice ou au receveur d'un bureau de bienfaisance que je désire gratifier. Il n'y a aucune différence entre cette tradition et celle que le donateur aurait faite lui-même ; l'une comme l'autre nécessitent l'autorisation administrative : cette hypothèse n'offre donc aucune difficulté et nous passons outre.

L'un des deux éléments essentiels du don manuel, c'est, nous l'avons dit en commençant, la convention de donner ; or, pour que cette convention puisse se former, il faut nécessairement que le donateur sache à quelle personne sa libéralité devra profiter, en d'autres termes, que le donataire ne soit pas, dans sa pensée, une personne indéterminée (1). Mais faut-il

(1) Nous disons à dessein « indéterminée » et non pas « incertaine », parce qu'il ne peut jamais être question d'annuler un don manuel pour cause d'incertitude du donataire, ou plutôt parce que l'idée de don manuel et celle de personne incertaine s'excluent l'une l'autre. Le don manuel en effet consiste essen-

pousser cette condition à l'extrême et dire que le don manuel est légalement impossible toutes les fois que le donateur n'a pas voulu précisément satisfaire les intérêts particuliers de celui qu'il gratifie, mais seulement un intérêt général quelconque ?

Il y a certainement au moins un cas où le don manuel ainsi conçu est valable : c'est celui où l'intérêt général visé par le donateur a un représentant légal (établissement public quelconque) et où ce représentant a été choisi par le donateur pour lui faire remise des objets donnés. C'est à ce représentant qu'il appartiendra d'accepter le don manuel, en ayant soin de se munir de l'autorisation administrative. — Au dire de la jurisprudence, cette autorisation peut d'ailleurs n'être pas préalable. — Mais ce cas n'est pas le seul à se présenter dans la pratique. Très souvent aussi il arrivera que le donateur, au lieu de remettre les va-

tiellement dans une remise matérielle des choses données, et le fait même de cette remise individualise forcément la personne à laquelle elle est faite (C'est sans doute ce que voulait exprimer la Cour de Cassation, lorsqu'elle disait dans son arrêt du 16 août 1881 : « qu'on ne saurait assimiler à une libéralité en faveur de personne incertaine la remise d'un billet au porteur ; un tel billet pouvant être l'objet d'une disposition par don manuel, la personne du bénéficiaire est signalée par la tradition qui lui est faite avec l'intention de le gratifier. » — Arrêt du 16 août 1881, D. 82. 1. 477). Mais il n'en est pas moins vrai que, lorsque la remise matérielle a été effectuée par un autre que le donateur lui-même, par un *mandataire*, par exemple, c'est au regard de ce mandataire seul que la personne du gratifié se trouve forcément individualisée, et non au regard du donateur.

leurs ou les objets donnés à l'établissement public qui représente l'intérêt général, les aura remis à une personne de son choix, à un simple particulier dans lequel il a confiance, ou encore à une personne morale qui ne représente nullement l'intérêt général visé. Alors se pose vraiment la question de savoir si, sous cette forme, un don manuel pourra être régulièrement effectué, et nous allons examiner successivement les deux espèces qui sont de nature à se présenter.

I. Première espèce. — *L'intermédiaire choisi par le donateur est un simple particulier. Il s'agit par exemple d'une certaine somme qu'un donateur a remise de la main à la main à un tiers, à charge par lui de la distribuer à des pauvres* (1). — Il faut tout d'abord faire à ce sujet une importante distinction qui résulte des faits eux-mêmes : Le don manuel s'adresse-t-il à des pauvres pris *ut singuli* c'est-à-dire nommément désignés et considérés dans leur individualité propre, l'autorisation administrative n'a rien à faire dans une

(1) Si au lieu de donner aux sommes ou aux titres par lui livrés une destination spéciale comme dans l'espèce proposée, le disposant avait tout simplement donné au tiers le mandat d'employer ces sommes « en bonnes œuvres » et sans aucune affectation déterminée, l'autorisation ne serait assurément pasn écessaire. Ce ne serait plus en effet un don manuel fait à une personne morale par l'intermédiaire d'un tiers, mais un don manuel adressé à un particulier avec simple indication d'emploi et la jurisprudence incline en général à valider les dispositions de cette nature. Cassation, req., 27 novembre 1876 (S. 77.1.445).

semblable disposition qui ne relève absolument que de la charité privée : « Le donateur, a-t-on dit avec raison, aurait certainement eu le droit de distribuer lui-même ses aumônes : ce qu'il eût fait directement, il le fait par procureur » (1). C'est ce qui arrive par exemple lorsqu'une personne confie une somme d'argent à un tiers en qui elle a confiance, pour la répartir immédiatement entre tels et tels pauvres qu'elle lui désigne.

Le don manuel, au contraire, s'adresse-t-il aux pauvres en général ou à certaines catégories de pauvres ; par exemple le donateur a-t-il livré un capital quelconque à un tiers intermédiaire avec mission de le distribuer immédiatement à tous les pauvres d'une commune, d'un quartier, etc. ou bien avec mission de le placer et d'en servir chaque année les revenus à ces mêmes pauvres? L'article 910 devra, pensons-nous, recevoir son application. En effet, les pauvres ne sont plus ici considérés individuellement, mais en général, en tant que personne morale, et sont par conséquent incapables d'acquérir à titre gratuit sans autorisation. Dans chaque commune, cette personne morale existe et elle a son représentant légal qu'on appelle le bureau de bienfaisance.

Ici se pose aussitôt la question de savoir à qui il

(1) Seligman. L'administration municipale et les comités particuliers de bienfaisance. *Revue critique de législ. et de jurisp.*, année 1880, t. XLVI, p. 304.

appartiendra d'accepter valablement et d'employer le don manuel ainsi offert aux pauvres d'une commune. Sera-ce au tiers choisi par le disposant? Sera-ce au représentant légal, au bureau de bienfaisance, à l'exclusion de tout autre? Sur ce point la jurisprudence a bien souvent varié.

Pendant très longtemps il fut admis que le tiers intermédiaire avait qualité pour toucher les arrérages et pour les distribuer, toutes les fois au moins que le décret ou l'arrêté autorisant un don fait aux pauvres par un intermédiaire portait la mention : « la distribution sera faite aux clauses et conditions énoncées » (1). Mais en principe le Conseil d'Etat considérait toujours le bureau de bienfaisance comme le représentant légal des pauvres, ayant seul qualité pour recueillir les libéralités qui leur sont destinées, tandis que par un avis du 6 mars 1873, se fondant à la fois sur l'article 937 et sur l'article 3 de l'Ordonnance du 2 avril 1817, il refusa au bureau de bienfaisance le droit d'accepter les libéralités offertes aux pauvres sans désignation d'une personne morale pour les recueillir, et reconnut ce droit au maire, en tant que représentant de la commune ainsi qu'à d'autres établissements publics, et spécialement aux fabriques et aux consistoires. — Mais la jurisprudence ju-

(1) Ainsi jugé par la Cour de Douai, 11 février 1845 (D. 45. 2. 59) et par la Cour de Bordeaux, 26 juin 1845 (D. 45. 4. 150).

diciaire ne partagea pas cette manière de voir, puisque dans un arrêt du 14 juin 1875 (D. 76. 1. 132) la Cour de Cassation décida : « que la disposition d'un testament qui exclut le bureau de bienfaisance de l'administration des biens légués est contraire aux lois qui, dans un intérêt d'ordre public, ont créé et organisé les bureaux de bienfaisance avec la mission de gérer, d'administrer les biens des pauvres sous le contrôle de l'autorité municipale. » (Ainsi jugé par la Cour de Dijon le 14 mars 1879, D. 80. 2. 11.)

La jurisprudence des Cours tenait donc pour le monopole exclusif des bureaux de bienfaisance, tandis que celle du Conseil d'État, par un avis du 24 décembre 1880 (D. 81. 3. 11) déclarait encore « que ni le bureau de bienfaisance, ni le maire agissant au nom de la commune ne pouvaient revendiquer les sommes que des particuliers ou même des institutions privées auraient reçues à charge de les distribuer aux pauvres. »

Mais à partir de 1881 (1), un revirement subit s'est produit dans l'opinion du Conseil d'État, et, depuis ce temps, le droit d'accepter valablement la somme donnée aux pauvres comme celui d'en distribuer le montant sont absolument réservés au bureau de

(1) Cf. Avis du Conseil d'État du 7 juillet 1881 (D. 82. 3. 23). Décret du 12 février 1883, rendu après avis du Conseil d'Etat (*Journal des Conseils de Fabriques*, 3e série, t. XIII, p. 48).

bienfaisance ; et voici ce qu'on a dit pour justifier ce système :

La condition imposée par le donateur que sa libéralité soit distribuée par le tiers de son choix est une condition contraire aux lois, parce qu' « elle vise à dépouiller les bureaux de bienfaisance d'une de leurs attributions essentielles qui est d'administrer les biens des pauvres et de faire la répartition des secours ». Or, comme toute condition illicite, celle-là doit être réputée non écrite, par application de l'article 900 du Code civil, et, par conséquent, le bureau de bienfaisance a même le droit de revendiquer les sommes données entre les mains du tiers intermédiaire.

La principale objection qu'on doit faire à ce système, c'est qu'il est manifestement contraire à l'équité, qu'il ne tient aucun compte de la volonté du disposant et qu'il ne tend à rien moins qu'à supprimer toute initiative de la charité privée. Ce privilège absolu des établissements constitués par l'Etat pour la répartition des aumônes, la Convention n'avait pas manqué de le consacrer dans sa loi du 24 vendémiaire an II ; mais la loi du 7 frimaire an V l'a heureusement fait disparaître et Portalis en a admirablement démontré toute l'injustice et tous les dangers dans un éloquent rapport au Conseil d'Etat : « Les aumônes, disait-il, sont des dons volontaires et libres : celui qui fait l'aumône pourrait ne pas la faire : il est le maître absolu de choisir le ministre de sa propre volonté....

L'homme qui est en état de faire l'aumône et qui en a la volonté peut donc s'adresser à de simples particuliers. A qui appartiendra l'administration de ces aumônes? A celui ou à ceux que le donateur aura chargés d'en faire la distribution.... Sans doute les commissions charitables sont des institutions utiles. Mais ce serait dénaturer leur caractère que de les transformer en institutions exclusives. La bienfaisance souffle comme elle veut, et où elle veut. Si vous ne la laissez pas respirer librement, elle s'affaiblira dans la plupart de ceux qui sont disposés à l'exercer. L'opinion contraire est donc inconciliable avec la pratique de tous les temps et avec la nature même des choses (1) ».

Il est vrai qu'on pourrait faire tomber en partie cette objection et rendre le système du Conseil d'Etat beaucoup plus admissible, si l'on voulait admettre le correctif suivant : Un don manuel a été fait aux pauvres avec désignation d'un intermédiaire pour en disposer, et l'administration autorise le bureau de bienfaisance à le recueillir sans tenir aucun compte de cette désignation : Le donateur lui-même, ou, s'il est mort, ses héritiers devront avoir la faculté de recourir à l'autorité judiciaire pour prouver que les conditions dans lesquelles a été accordée l'autorisation, contreviennent à la volonté de celui-ci ; et, si les tribu-

(1) Rapport de Portalis à l'Empereur, le 16 avril 1806.

naux jugent qu'en effet, dans l'intention manifeste du donateur, la désignation du tiers intermédiaire était entrée comme condition essentielle de la libéralité, ils devront déclarer le don nul en vertu de ce principe constant que, lorsque des conditions impossibles ou contraires aux lois ont été la cause impulsive et déterminante d'une disposition à titre gratuit, elles ne sont pas seulement réputées non écrites, comme le veut l'article 900, mais elles rendent la disposition tout entière nulle et non avenue. La somme qui faisait l'objet du don fera alors retour au patrimoine du donateur ou à celui de ses héritiers (1).

Quoi qu'il en soit, et même avec ce correctif, nous nous refusons à admettre que l'administration ait le droit de s'opposer à la remise et à la distribution de sommes données aux pauvres, lorsqu'il a plu au donateur de les faire passer par les mains d'une personne de son choix, qu'elle ait même le droit de surveiller cette distribution. Que les établissements de bienfaisance préposés par la loi à l'exercice de la charité publique puissent revendiquer les dons manuels adressés aux pauvres en général ou à certaines catégories de pauvres (les pauvres de telle paroisse, de

(1) En ce sens : Cassation, 20 novembre 1878 (Sir. 79. 1. 413) ; Cassation, 17 juillet 1883 (Sir. 84. 1. 305) et note de M. Labbé ; Cassation, 12 mars 1884, *Revue critique*, 1884, t. L, p. 653. Demolombe, t. XVIII, n°s 206 et suiv. ; Aubry et Rau, t. VII, p. 290, et ξ, 692. — En sens contraire : Laurent, t. XI, n° 434. — Conclusions de M. Ronjat devant la Chambre civile (Sir. 84. 1. 308).

tel quartier...) et conserver par devers eux la propriété des sommes données, soit encore ! Mais pourquoi ne pas revenir à la première jurisprudence du Conseil d'Etat ? En supposant, comme il arrive le plus souvent, que le décret ou l'arrêté d'autorisation ait ordonné le placement de la somme en rentes sur l'Etat pour que les arrérages en soient annuellement distribués aux pauvres, cette somme pourrait fort bien être immatriculée au nom du bureau de bienfaisance, et les arrérages seraient servis par lui au tiers intermédiaire (curé de paroisse ou tout autre) qui les distribuerait à son tour aux pauvres, conformément aux intentions du disposant (1). Telle est du reste la pratique journellement suivie par l'administration de l'assistance publique à Paris qui s'appuie exclusivement pour cela sur l'avis du Conseil d'Etat déjà cité du 7 juillet 1881 (Voir *Revue générale d'administration*, 1886, t. III, p. 267).

(1) Le disposant qui voudrait ainsi assurer la distribution périodique des sommes données par le curé de la paroisse, n'aurait qu'à joindre à sa donation manuelle la clause suivante : « Je donne aux pauvres de... la somme nécessaire pour acheter un titre de... francs de rente sur l'Etat, à charge par le bureau de bienfaisance d'en remettre tous les ans, sur simple quittance, les arrérages à M. le Curé de... qui en fera la distribution avec la plus entière liberté et sans avoir à en rendre compte à personne. Je déclare que la distribution des revenus par M. le Curé, la liberté du choix des pauvres, et la dispense de toute reddition de compte sont les causes impulsives et déterminantes de ma donation ». La légalité d'une pareille clause a d'ailleurs été parfaitement reconnue par les tribunaux judiciaires (Paris, 23 janvier 1891 (D. 91. 2. 342) ; Chambéry, 10 décembre 1894 (D. 95. 2. 292).

Les principes généraux qui dominent la législation actuelle sur les bureaux de bienfaisance seraient ainsi très suffisamment sauvegardés sans que cependant la volonté du donateur fût méconnue comme dans le système que nous combattons. Mais faut-il aller plus loin et prétendre qu'une disposition en faveur des pauvres, effectuée directement en la personne du tiers intermédiaire, aura cependant le caractère juridique d'un véritable don manuel? Non, et par une raison bien simple, c'est qu'on n'y trouve point de donataire. Ce ne sont pas les pauvres assurément qui sont les donataires ; ils ne peuvent être en effet gratifiés que de deux façons : tous en général ou chacun en particulier ; or, ils ne sont pas gratifiés en général en tant que personne morale, puisque la remise n'a pas été faite entre les mains de leur représentant légal, seul capable de recevoir en leur nom ; et ils ne sont pas davantage gratifiés *ut singuli*, car comment soutenir que le tiers intermédiaire soit le mandataire de chaque pauvre pris en particulier?

Peut-on avec plus de raison attribuer la qualité de donataire à ce tiers intermédiaire ? Il faudrait pour cela le considérer comme gratifié « sub modo », c'est-à-dire avec la charge de transmettre aux pauvres les sommes versées entre ses mains, et cela semble bien difficile, puisqu'il n'est que l'instrument de la libéralité, que les pauvres en sont les véritables bénéficiaires et que, lui, ne doit rien conserver de ce qu'il a reçu : le donateur l'investit de sa confiance, il ne l'enrichit pas (1).

Nous en arrivons donc à cette conclusion forcée que la remise des sommes destinées aux pauvres à un intermédiaire autre que leur représentant légal ne peut constituer un don manuel ; et, dès lors, il n'y a plus qu'un seul système possible, c'est de le traiter comme un *mandat*. Le disposant, au lieu de distribuer lui même ses aumônes aux pauvres, charge un tiers de le faire en son nom, et ce tiers a mission d'employer suivant les intentions du disposant les sommes à lui remises manuellement. — Cette détermination de la qualité du tiers intermédiaire, sur laquelle nous avons peut-être insisté un peu trop longtemps, ne

(1) Cet argument a cependant trouvé des contradicteurs. Le Code civil, a-t-on dit, pose en principe dans son article 893 que quiconque veut disposer à titre gratuit ne peut le faire que par donation entre vifs ou par testament ; mais il n'a consacré nulle part la réciproque de ce principe, à savoir que, par l'un de ces deux modes, on ne pouvait se proposer d'autre but que l'enrichissement du légataire ou du donataire. Par conséquent, celui qui désire gratifier en fait telles et telles personnes même indéterminées, comme le sont les pauvres d'une commune, pourrait fort bien le faire sous forme de charge imposée à un donataire ou à un légataire capable ; dès lors que toutes les conditions requises pour la validité de cette disposition se trouvent remplies, peu importe que le montant de la charge absorbe la totalité des biens adressés au donataire ou au légataire : celui-ci n'en serait pas moins considéré comme gratifié sérieux ; la donation ou le legs affecté d'un tel mode se transformerait alors en une sorte de contrat ou de quasi-contrat dont le principal effet serait de grever le bénéficiaire de droit d'une véritable obligation de faire, et d'assimiler le disposant à un véritable créancier.

(Voir en ce sens : Thèse Audoin, 1890, p. 118 et suiv.)

manque pas d'intérêt pratique ; car, suivant qu'on le considère comme donataire *sub modo* ou comme simple mandataire, on aboutit à des conséquences tout à fait différentes :

1° Voit-on dans le tiers intermédiaire un vrai donataire *sub modo*, la remise matérielle faite entre ses mains par le disposant dessaisira ce dernier sur le champ et d'une façon définitive : tout au plus pourra-t-il surveiller l'emploi qui sera fait de son don, en se réservant le droit de le révoquer si l'intermédiaire contrevient à sa volonté. — Le tiers intermédiaire n'est-il au contraire qu'un simple mandataire, ou, si l'on aime mieux, qu'un dépositaire avec mission d'affecter son dépôt à un emploi déterminé, le disposant pourra non seulement surveiller l'emploi des sommes remises, mais il pourra même, tant que la mission du mandataire ne sera pas complètement exécutée, et à la seule condition de prouver la réalité du mandat, révoquer ce mandat et reprendre toutes les sommes non encore distribuées dont il est certainement demeuré propriétaire.

2° Si le disposant meurt ou est mis en interdiction avant la distribution complète des sommes par lui destinées aux pauvres, le tiers pourra la continuer même après ces événements, si on lui donne la qualité de donataire avec charge ; il devra au contraire restituer soit aux héritiers, soit au tuteur du disposant, tout ce qui n'aura pas encore été distribué à la même époque, si on lui reconnaît la qualité d'un simple mandataire, et cela, en vertu des articles 1939, 1940 et 2003 du Code civil, parce que sa mission a fini avec la capacité du disposant.

3° Enfin, pour ceux qui adoptent le système de l'inefficacité des charges adjointes au don manuel (système que nous aurons l'occasion d'étudier plus loin), il y aurait grand intérêt à distinguer s'il y a dans notre espèce don manuel onéreux au profit d'un tiers, ou don manuel par l'entremise d'un tiers jouant le rôle de mandataire : celui-ci, en effet, serait valable à condition d'être réalisé en temps utile ; celui-là serait radicalement nul pour vice de forme.

La jurisprudence a eu du reste à envisager la question sous chacun de ces deux aspects ; d'un côté comme de l'autre, elle en a tiré les conséquences que nous venons d'énoncer, et l'exemple est d'autant plus frappant que ces décisions en sens inverse ont été rendues sur des espèces qui semblaient identiques.

Nous trouvons la première dans un arrêt de la Cour de Douai du 31 décembre 1834 (Sir. 35.2.215) : une certaine somme avait été remise à un ministre du culte pour être donnée aux pauvres, et la distribution avait été faite en partie avant la mort du disposant, en partie après. Sur la demande des héritiers, la Cour décida qu'il fallait voir dans cette remise un simple mandat, et, en conséquence, elle obligea le ministre du culte à leur restituer tout ce qui avait été distribué après la mort de leur auteur. Le principal motif donné par la Cour est celui-ci : « Attendu que la remise d'une somme d'argent par un individu, avec simple indication orale d'un emploi déterminé, ne constitue pas, tant que la destination n'a pas été accomplie, un don manuel au profit des destinataires, mais un dépôt qui peut être retiré par celui qui l'a fait.... » Les vrais donataires étaient donc les pauvres auxquels la libéralité devait profiter, ou le bureau de bienfaisance, qui est leur représentant légal. En ce qui concerne les sommes non encore distribuées, la tradition n'avait pas été faite au donataire, et elle ne pouvait plus lui être faite utilement, l'article 1939 (alinéa 1) prescrivant qu'en cas de mort du déposant la chose doit être restituée à ses héritiers.

La solution opposée a été donnée par le Tribunal de la Seine dans un jugement du 18 janvier 1884 (1) rendu en faveur du Curé de Saint-Etienne du Mont et contre l'Administration de l'Assistance Publique : « A moins de conventions spéciales, dit ce jugement, les personnes souvent inconnues les unes des autres qui confient à un ministre du culte des sommes destinées à des œuvres charitables n'entendent pas lui conférer un mandat qui prendrait fin soit par le décès de l'une d'elles, soit par la mort du mandataire : le contrat qui intervient alors est un véritable don ma-

(1) Ce jugement a paru dans le journal *Le Droit* du 19 janvier 1884.

nuel, les donateurs suivant par dessus tout la foi du donataire, quant à l'emploi des sommes données. »

Nous nous sommes toujours jusqu'ici placé dans l'hypothèse de sommes à distribuer aux pauvres, parce qu'elle est la plus fréquente ; mais nous n'hésiterions pas à donner la même solution pour les valeurs ou les objets quelconques qu'une personne aurait remis de la main à la main, afin d'être employés en œuvres pies, ou afin de subvenir aux frais du culte, à l'entretien de ses ministres, etc..., à un tiers autre que le trésorier de la fabrique, car le trésorier de la fabrique est seul capable (à la condition d'être autorisé, bien entendu) de recueillir les libéralités de cette nature. Pas plus qu'aux bureaux de bienfaisance, nous ne reconnaissons aux Fabriques un monopole exclusif, ni un droit de revendication à l'égard des sommes qui en sont l'objet ; nous prétendons seulement que toute disposition de ce genre qui n'aura pas été effectuée entre leurs mains, ne forme pas un don manuel, mais un simple dépôt avec charge. Le donateur ne sera dessaisi des sommes déposées qu'au fur et à mesure de leur emploi. Mais naturellement il ne doit pas être ici question d'autorisation administrative, l'article 910 ne pouvant s'appliquer là où il n'y a pas de libéralité proprement dite.

Il en serait de même, pensons-nous, et à plus forte raison, si le disposant avait remis ou fait remettre à un tiers de son choix certaines sommes, à charge par lui d'assurer tels ou tels services religieux et comme rémunération de ces services. (Voir à ce sujet l'arrêt de la Cour de Paris du 23 nov. 1877, D. 78.2.233, et celui de la Cour de Caen du 30 nov. 1865, D. 66.2.43.)

II. Deuxième espèce. — *L'intermédiaire choisi par le donateur est une personne morale qui ne représente en rien l'intérêt général visé par lui.* — Cette hypothèse se présente assez fréquemment dans la pratique : c'est d'ailleurs l'une des formes variées que peut affecter un genre de libéralité très usité de nos jours : la *fondation*. Une personne, qui, pour satisfaire ses désirs charitables, peut confier soit à un particulier, soit à un établissement public de son choix l'exécution et l'emploi de son don manuel, de telle sorte que cet emploi absorbe en une seule fois les sommes par lui remises, peut aussi bien, soit pour venir en aide aux nécessiteux, soit pour subvenir aux besoins du culte ou de l'instruction, etc. vouloir donner à sa libéralité, en raison même de son importance, et aux œuvres qu'elle a pour but de soutenir un caractère de perpétuité. Or, le meilleur moyen, pour ne pas dire le seul, d'assurer à cette œuvre la perpétuité, c'est d'en assurer la réalisation par l'intermédiaire de personnes perpétuelles elles-mêmes. En cela consiste à proprement parler la fondation, qui peut d'ailleurs être réalisée tout aussi bien par la voie du don manuel que par celle du legs ou de la donation entre vifs ordinaire. La fondation est donc la libéralité adressée à une personne morale avec charge perpétuelle de l'employer au profit de personnes indéterminées et à naître ; et pour cela, le fondateur a plusieurs procédés àsa disposition : il peut, et c'est le cas le plus fréquent, se dessaisir d'un capital déterminé entre les mains d'une personne morale déjà existante, c'est-à-dire reconnue par la loi et affectée par elle à un service spécial. Si ce service est précisément celui de l'œuvre que le fondateur désire gratifier, aucune difficulté ; en retour de la libéralité qui lui est adressée, l'établissement s'obligera à faire du capital l'emploi convenu et à en servir perpétuellement les revenus aux véritables bénéficiaires. Si au contraire la personne morale choisie par le donateur était complètement étrangère à l'intérêt général qu'il a en vue dans sa fondation, ce serait précisément le cas qui vient d'être prévu sous le n° II.

Le fondateur pourrait aussi charger de cet emploi des sommes données un établissement qui n'a pas encore, au moment où il dispose, la personnalité juridique, mais qui pourra l'acquérir ultérieurement par concession de l'Etat. (Nous nous réservons d'insister sur ce second mode de fondation lorsque nous traiterons des dons manuels aux associations non reconnues.)

Enfin, un troisième procédé consisterait à ériger l'œuvre même qui est l'objet de la fondation en une personne morale indépendante. Mais, quels que puissent être les avantages d'une pareille fondation, elle est certainement impossible, en vertu d'un principe qui jusqu'à ce jour ne compte aucune exception : l'Etat seul peut conférer la personnalité civile. (Il a d'ailleurs usé quelquefois de ce pouvoir en faveur de certaines fondations particulières : Fondation Chabriand-Thibault. — Fondation Rothschild.)

Revenant maintenant à l'espèce que nous avons posée et qui est bien une des formes de la fondation, nous n'hésitons pas à dire que dans cette espèce, pas plus que dans la précédente, la remise faite à l'intermédiaire ne pourra constituer un don manuel régulier.

Mais à quel titre pourra-t-elle valoir? A titre de mandat? Nous ne le pensons pas. Les personnes morales du droit administratif ont de par la loi reçu une capacité restreinte comme leur mission, et, dès qu'elles sortent de la sphère de leurs attributions, leur capacité cesse, tout aussi bien pour se charger d'un mandat que pour recueillir un don manuel : « La capacité des établissements publics, a-t-on dit, est exclusivement bornée à l'exécution du service à raison duquel ils ont été institués. C'est pour accomplir une fonction administrative que la vie civile leur a été donnée ; au delà de cette fonction, ils ne peuvent rien ; ils n'ont droit à rien ; ils ne sont rien (1). » En

(1) Béquet, De la capacité des Fabriques. *Revue générale d'administration*, 1881, t. III, p. 27.

un mot, pour les personnes morales, à l'inverse des personnes réelles, l'incapacité est la règle et la capacité l'exception. — C'est d'ailleurs la simple application de l'article 900 qu'il suffit de faire ici ; car la loi qui réglemente la capacité des établissements et délimite leurs attributions est assurément une loi d'ordre public. — La jurisprudence du Conseil d'Etat est aujourd'hui, et à bon droit selon nous, fixée en ce sens que la tradition matérielle faite dans ces conditions ne vaudra que comme *constatation d'une offre*, et n'aura aucune valeur juridique jusqu'au jour où elle aura été acceptée par l'établissement légalement constitué pour représenter l'intérêt général, objet de la libéralité. C'est également à partir de ce jour que l'autorisation administrative deviendra nécessaire(1).

(1) Voir les avis du Conseil d'Etat des 13 avril 1881 (D. 82. 2. 21), 13 juillet 1881 (D. 82. 3. 23), 2 décembre 1881 (D. 82. 3. 21). Par celui du 13 juillet 1881, le Conseil d'Etat refusait à un conseil de fabrique le droit d'accepter une libéralité qui lui avait été adressée avec charge d'en distribuer le montant aux pauvres, sous ce prétexte que l'administration des biens destinés aux pauvres ne rentre pas dans les attributions de la fabrique. Mais c'est là une question très controversée, et, comme elle peut aussi fort bien se poser en matière de dons manuels, il faut en dire quelques mots. Nous avons eu un peu plus haut l'occasion de rappeler que le mandataire légal des pauvres est le bureau de bienfaisance. Mais à côté de ce mandataire légal, peut-il se trouver des établissements qui soient aptes, eux aussi, à recevoir des libéralités en faveur des pauvres ; en particulier, les fabriques peuvent-elles recueillir des dons de cette nature ? Les avis du Conseil d'Etat des 6 mars et 24 juillet 1873 avaient admis l'affirmative en se fondant sur ce qu'aucune loi n'a jamais interdit aux établissements religieux de recevoir seuls des libéralités affectées au

— La jurisprudence judiciaire est même venue en cette matière corroborer la jurisprudence administrative et elle a fait à notre espèce une application rigoureuse de l'article 900 (Cass., 14 juin 1875, D. 76. 1. 132).

Nous répétons que presque toutes ces décisions ont été rendues à propos des libéralités testamentaires. Mais l'assimilation aux dons manuels ne saurait faire la moindre difficulté.

Un dernier mot : lorsque l'intermédiaire choisi par le disposant est un simple particulier, le représentant légal de l'intérêt général sera bien souvent entravé dans ses revendications par la difficulté des preuves à fournir. Rien de pareil si l'intermédiaire est une personne morale. Presque toujours en effet on retrouvera, soit dans ses livres de comptabilité, soit dans les délibérations de son conseil, la trace du fait qui a

soulagement des pauvres ; qu'au contraire la loi de germinal an X et le décret de 1809 attribuent expressément aux fabriques l'administration des aumônes et que ce mot « aumônes » a été pris dans son sens le plus général, l'interprétation donnée par Portalis à la loi de germinal ne laisse aucun doute à cet égard.

Mais cette doctrine a été définitivement condamnée par l'avis du 13 juillet 1881 pour les motifs suivants : 1° Les établissements publics n'ont d'aptitude à recevoir que dans la limite exacte de leurs attributions : or les fabriques n'ont pas été instituées pour le soulagement des pauvres, mais seulement pour l'administration des paroisses et le service du culte ; 2° Le terme d' « aumônes » employé par la loi de Germinal an X et par le décret de 1809 n'a nullement le sens général que voulait lui attribuer l'avis du 24 juillet 1873. Il désigne uniquement les offrandes et les oblations volontaires faites par les fidèles pour les *besoins du culte.*

mis entre ses mains les sommes qu'elle n'avait aucun titre à recueillir.

Legs verbaux.

Sous cette appellation un peu bizarre et dont les termes semblent jurer entre eux, les auteurs ont depuis quelques années envisagé une autre hypothèse de don manuel fait par l'intermédiaire d'un tiers. Ce n'est certes pas la moins délicate, quand surtout le bénéficiaire est une personne morale, et nous ne saurions la passer sous silence.

Voici le cas prévu : Une personne à l'article de la mort confie à un tiers (que ce tiers lui soit complètement étranger ou qu'il soit un des représentants de sa succession, peu importe) une certaine somme d'argent ou un certain nombre de valeurs mobilières avec simple indication orale d'un emploi déterminé, c'est-à-dire, en lui manifestant de vive voix sa volonté d'en faire bénéficier après sa mort soit une personne morale déterminée, soit plusieurs personnes non spécialement désignées, par exemple les pauvres d'une commune.

La tradition des objets donnés qui sera faite plus tard en exécution de cette dernière volonté constituera-t-elle vis-à-vis de l'établissement donataire un véritable don manuel, soumis à ce titre aux prescriptions de l'article 910 ? C'est impossible, dit-on. Le don manuel consiste essentiellement dans une tradition effective accompagnée du concours des deux volontés. Or, dans l'espèce, ce concours ne peut se produire à aucune époque ; ni avant la mort du donateur : sur quoi porterait le consentement du donataire puisque rien ne lui est encore offert ? ni après la mort du donateur, puisque sa volonté de donner expire avec sa vie (1).

On a, il est vrai, essayé de soutenir que ce legs verbal n'est autre chose qu'un mandat verbal de livrer un meuble à titre de donation, que ce mandat ne pouvant, par sa nature même, être exécuté qu'après la mort du mandant, il ne doit pas tomber sous l'application de l'article 2003, et que par conséquent la livraison faite par le mandataire après la mort du mandant n'en rend pas moins le gratifié propriétaire des choses données. Mais valider les legs verbaux à titre de mandats ou de dépôts avec charge de remise après décès du déposant, n'est-ce pas violer ouvertement l'article 1939 du Code civil d'après lequel, en cas de mort du déposant, la chose ne peut être rendue qu'à ses héritiers ? N'est-ce pas consacrer indirectement toute une catégorie de fidéicommis frauduleux ?

(1) En ce sens : Cassation, 16 août 1842 (S. 42.1.850) ; Bordeaux, 8 août 1853 (S. 53.2.641) ; Paris, 7 août 1872 (D. 74.1.481). Aubry et Rau, t. VII, § 65 et note 18 ; Demolombe, t. XX, n°s 66 et 67 ; Laurent, t. XII, n°s 293 et suiv. — En sens contraire : Pont, *Du dépôt*, I, 481 ; Vazeilles, art. 934, n°s 12 et suiv.; Amiens, 6 nov. 1852 (Sir. 54.1.60).

D'autres ont prétendu que rien n'empêchait de légitimer l'opération dont il s'agit en tant que don manuel proprement dit, parce que le don manuel est un acte *sui generis* qui ne relève que du droit naturel et de l'équité : « Ce qui importe ici, ont-ils dit, ce n'est pas le concours simultané, mais le concours véritable, à l'époque indiquée par le donateur, de sa volonté avec celle du donataire. Le droit des gens ne paraît rien demander de plus. » (Dalloz, Répert., V° *Dispos. entre vifs*, n° 1647.) A peine est-il besoin de réfuter un pareil argument. Personne n'ignore en effet que le don manuel, affranchi des règles de forme, est au contraire soumis à toutes les règles de fond qui concernent les donations entre vifs. Or la condition exigée par la loi d'une acceptation antérieure à la mort du donateur n'est certainement pas une condition de forme. Le don manuel ne peut donc pas y échapper. Admettre le contraire, ce serait ouvrir la porte aux abus, puisque l'acceptation survenant utilement à une époque quelconque pourrait être indéfiniment reculée après la mort du donateur. On a bien tenté d'atténuer cet inconvénient en reconnaissant aux héritiers du donateur le droit absolu de retirer l'offre de leur auteur tant qu'elle n'aurait pas été acceptée par le bénéficiaire ; mais cela ne vaut guère mieux, car c'est établir en quelque sorte une course de vitesse entre les héritiers et le bénéficiaire (1).

(1) Nous ne citons que pour mémoire l'opinion qui consiste à

Enfin, si l'on ne veut pas reconnaître dans notre espèce un don manuel proprement dit, ni un mandat verbal qui ne doit être exécuté qu'après la mort du mandant, on ne peut davantage y voir une libéralité testamentaire, une sorte de legs particulier dont le représentant de la succession ferait délivrance en effectuant la remise matérielle des objets ; sans doute ici rien ne s'oppose à ce que le concours de volontés et la tradition se réalisent *post mortem* ; mais la loi a établi pour toute disposition testamentaire, même celle ne concernant que des meubles, des règles de formes solennelles et très spéciales, et le legs verbal serait assurément nul pour inobservation de ces formes.

Il ne reste plus qu'un seul moyen de donner efficacité au legs verbal qui nous occupe : c'est de considérer qu'au regard du représentant de la succession, la remise de la somme constitue une simple charge d'hérédité, c'est-à-dire une obligation naturelle : cette obligation naturelle se trouve civilement confirmée par le fait même de son exécution volontaire après la mort du disposant, en vertu du principe qu'une obligation naturelle peut servir de cause à un paiement volontaire et fait en connaissance de cause (article 1235, al. 2 du Code civil). Donc la remise faite

voir dans le legs verbal un don manuel onéreux au profit du tiers ou de l'héritier chargé de faire remise. Comment en effet lui reconnaître la qualité de donataire, quand l'*animus donandi* fait totalement défaut à son égard.

au bénéficiaire est valable et l'a rendu propriétaire des sommes données.

De même, si après la mort du disposant l'héritier ou le tiers mandataire venait à passer une reconnaissance écrite et précise de sa dette au profit de la personne morale gratifiée, il contracterait à son égard un engagement civilement obligatoire. Celle-ci acquerrait dès lors un véritable droit aux choses données puisqu'elle serait munie d'une action pour en exiger la délivrance. Cet engagement et cette reconnaissance n'auraient d'ailleurs pas besoin d'être acceptés par elle, comme s'il s'agissait d'une donation proprement dite, mais, en revanche, pour recueillir valablement la somme qui lui est due, elle devrait justifier de l'autorisation prescrite par l'article 910 (1).

Quoi qu'il en soit, la jurisprudence administrative persiste à voir dans le legs verbal un don manuel proprement dit, et elle est d'avis que l'établissement public créancier ne pourra recueillir la somme donnée qu'à la condition de justifier de l'autorisation administrative. Le Conseil d'État a toutefois décidé, dans un avis du 31 janvier 1888 (Notes de Jurispr. du Conseil d'État, p. 163) que si les sommes données sous cette forme ne devaient pas être distribuées immé-

(1) En ce sens : Cassation, 20 novembre 1876 (D. 78.1.376) ; Toulouse, 5 avril 1892 (D. 92.2.568) ; Montpellier, 30 janvier 1893 (D. 94.2.15). Demolombe, *Don. et test.*, t. III, nos 37 et suiv., et *Traité des contrats*, t. I, n° 351.

diatement à leurs destinataires, il n'y avait pas lieu pour le Gouvernement de statuer directement sur l'acceptation ou le refus de la libéralité, mais seulement d'autoriser l'emploi des sommes données et de déterminer le mode de cet emploi. — C'est le même système que nous verrons adopté, un peu plus loin, par la jurisprudence administrative au sujet des dons manuels anonymes.

Enfin, dans certaines circonstances, l'administration jugeant que cette libéralité ne peut être acceptée par la personne morale qu'à la condition d'être faite sous la forme ordinaire des donations entre vifs, pourra enjoindre aux héritiers de la refaire en cette forme. (Avis du Conseil d'État du 5 nov. 1889 — Jurisp. du Conseil d'État, p. 164.)

CHAPITRE V

SANCTION DU PRINCIPE DE L'AUTORISATION ADMINISTRATIVE EN MATIÈRE DE DONS MANUELS.

Les personnes morales gratifiées par voie de don manuel doivent se faire autoriser : ce principe est aujourd'hui unanimement adopté ; mail il courra risque de rester lettre morte dans la pratique, s'il est dépourvu de toute sanction. Peut-on lui en trouver une et quelle sera, en l'absence de toute autorisation, la situation des parties en cause ? Il faut d'abord distinguer soigneusement deux hypothèses dans lesquelles les solutions sont très différentes : le défaut d'autorisation et le refus d'autorisation.

Il y a *défaut d'autorisation* tant qu'une personne civile n'a pas sollicité l'autorisation nécessaire pour recueillir valablement un don manuel, conformément à l'article 910.

Il y a *refus d'autorisation* quand un établissement gratifié par voie de don manuel a demandé l'autorisation nécessaire pour pouvoir accepter valablement ce don et que l'autorité compétente a statué sur cette demande, soit en la rejetant, soit même en décidant qu'il n'y a pas lieu de statuer.

A. *Conséquence du défaut d'autorisation.* — Tant que l'autorisation d'accepter n'a pas été accordée, le don manuel reste imparfait, cela n'est pas douteux, quoiqu'il ait été matériellement exécuté ; mais il sera toujours possible de corriger cette imperfection. La nature même du don manuel, c'est un point qui a été suffisamment démontré au début de cette étude, s'oppose à ce que l'autorisation puisse précéder l'acceptation, ou, ce qui revient au même, la tradition. Elle peut donc intervenir très utilement à une époque postérieure. Et tout d'abord, si l'autorisation avait été réclamée par l'établissement donataire du vivant du donateur et obtenue seulement après le décès de celui-ci, elle suffirait certainement à parfaire le don manuel. Mais la jurisprudence actuelle va plus loin : d'après elle, le défaut d'autorisation constitue une simple irrégularité de l'acceptation, irrégularité à laquelle il est toujours temps de remédier. Elle considère l'autorisation administrative comme une condition suspensive qui peut encore se réaliser malgré le décès du donateur, malgré son changement de capacité et surtout malgré son changement de volonté.

Dans le système de la doctrine au contraire, le défaut d'autorisation trouverait une sanction véritable puisque son effet serait de rendre absolument révocable le don manuel. L'autorisation est un élément constitutif de l'acceptation en matière de don manuel comme en matière de donation authentique ;

donc, tant qu'elle n'a pas été demandée et obtenue par l'établissement donataire, il n'y a au profit de ce dernier qu'une offre qui ne lie nullement le donateur. Mais les auteurs n'ont jamais songé à rendre plus rigoureuse la sanction du défaut d'autorisation en interdisant à l'établissement donataire, sous peine de nullité du don lui-même, tout acte de possession sur les biens donnés, tant qu'il ne s'est pas muni d'autorisation.

B. *Conséquences du refus d'autorisation.* — Il est clair que la personne morale, qui passe outre au refus d'autorisation pour recueillir de sa propre autorité le don manuel qui lui est fait, commet une infraction bien plus grave à la règle de l'article 910 que celle qui omet simplement de se pourvoir en autorisation au sujet d'un don déjà accepté. Aussi est-il admis que, lorsque l'autorité administrative a refusé son autorisation à un établissement public, celui-ci ne peut plus faire aucun acte de prise de possession. Tout don manuel reçu malgré le refus d'autorisation est radicalement nul. Sans doute, cette nullité n'a pas lieu de plein droit, mais, dès qu'elle est demandée en justice par le donateur lui-même ou par ses héritiers, les tribunaux ne peuvent pas ne pas la prononcer (1).

Enfin si l'établissement a conservé un don manuel après refus d'autorisation, il n'a pu faire les fruits

(1) Montpellier, 24 août 1854 (S. 54.2.403) ; Paris, 10 janvier 1863 (S. 63.2.17) ; Lyon, 18 janvier 1868 (S. 68.2.131).

siens et ne peut être considéré comme un possesseur de bonne foi (1).

Telles sont les principales conséquences du défaut et du refus d'autorisation. Mais il est naturel de penser que pour échapper à ces conséquences, les donateurs essaieront de soustraire leurs donataires, personnes morales, au contrôle administratif. Pour cela ils déguiseront leur don manuel sous les apparences d'un contrat à titre onéreux ou bien ils le feront passer par les mains d'une personne interposée.

Du premier de ces deux procédés, il n'y a que peu de choses à dire, parce que son emploi demeurera forcément restreint. Voici à peu près la seule hypothèse dans laquelle il pourrait trouver son application : un contrat de vente portant sur des meubles intervient entre un particulier et une personne morale. La vente étant faite au comptant, le vendeur fait immédiatement livraison de la chose et donne en même temps quittance du prix qu'il n'a nullement touché. Cette opération s'analyse en un véritable don manuel déguisé, et, en supposant que l'importance des objets donnés nécessite l'accomplissement des formalités prescrites par l'article 910, le contrat devra être annulé purement et simplement. Il ne saurait en effet valoir, ni à titre de vente, faute de prix, ni à titre de donation, parce qu'il a été passé en vio-

(1) Cassation, 19 décembre 1864 (D. 65. 1. 116) ; Rouen, 25 mai 1865 (S. 65. 2. 268).

lation d'une loi d'ordre public. La fraude du reste ne se présume pas et devra être régulièrement prouvée.

Si, en reprenant la même espèce d'une vente d'objets mobiliers faite au comptant, on supposait que le prix n'a été que partiellement payé par l'établissement donataire, il y aurait à son profit, pour le surplus, un don manuel indirect que nous n'hésiterions pas à déclarer valable. La loi ne défend pas de faire indirectement ce qui peut être fait directement. Mais une pareille libéralité n'en serait pas moins soumise aux prescriptions de l'article 910, et l'on ne devrait pas considérer comme suffisante pour la valider l'autorisation qui aurait été donnée à l'établissement au sujet de l'acquisition à titre onéreux. Cependant, on ne peut se le dissimuler, ces dons manuels indirects échapperont plus d'une fois à l'autorisation par suite de l'impossibilité où se trouvera l'autorité administrative de prouver d'une façon péremptoire l'existence de la libéralité et son quantum.

Venons-en maintenant au second procédé dont on peut faire usage pour réaliser indirectement un don manuel : *l'interposition de personnes*. Mais avant de rechercher dans quels cas cette interposition sert d'auxiliaire à la fraude et quelle influence elle doit avoir sur le sort de la libéralité elle-même, nous voulons répondre à une question plus générale : faut-il ou non voir dans le don manuel qui s'adresse aux établissements publics par personne interposée un mode de disposition prohibé d'une façon absolue, et indépendamment même de toute intention de frauder la loi ?

Quelques auteurs ont essayé de soutenir la négative : d'après eux, les dons manuels que les établissements publics reçoivent par voie d'interposition de personnes peuvent, en principe, être validés tout aussi bien que les dons faits par intermédiaire et pour les mêmes motifs ; comme eux aussi ils doivent être autorisés suivant la règle de l'article 910.

Mais cette opinion n'a pas triomphé et, depuis un certain temps déjà, la doctrine et la jurisprudence s'accordent à voir dans notre espèce une libéralité qui doit toujours être annulée par application rigoureuse de l'article 911 (1). Voici pourquoi : Les personnes morales sont incapables de recevoir à titre gratuit ; l'autorisation administrative peut seule les rendre capables. Or, en fait, l'interposition de personnes pratiquée à leur profit aura pour conséquence forcée de faire passer entre leurs mains les biens donnés sans aucune autorisation ; elle aboutira donc, en fin de compte, à gratifier des incapables, à rendre illusoire tout contrôle administratif, en un mot, à violer une loi d'ordre public.

A cela, les partisans de la négative répondent : La

(1) En ce sens : Cassation, 17 novembre 1852 (D. 53.1.126). Massé et Vergé, t. III, p. 37 ; Demolombe, XVIII, n° 631 ; Aubry et Rau, VII, 650 *bis*, texte et note 6, p. 49.

loi ne sera aucunement violée, attendu que le tiers interposé devant à son tour faire remise de la chose donnée à la personne morale, celle-ci, pour pouvoir la conserver, demandera tôt ou tard l'autorisation, et les prescriptions de l'article 910 se trouveront ainsi parfaitement observées.

Oui, nous le voulons bien, une autorisation pourra intervenir postérieurement ; mais sera-t-elle donnée en connaissance de cause? L'examen de l'autorité administrative doit, pour être complet, porter sur deux points, à savoir : si la disposition n'enrichit pas outre mesure l'établissement donataire, et d'autre part si elle n'est pas excessive eu égard à la fortune du donateur, ou ne tend pas à dépouiller sa famille. Or, dans le cas présent, on voit très bien comment le premier point sera contrôlé, mais en revanche le second ne le sera presque jamais, puisque l'autorisation étant sollicitée au sujet de la remise faite par le tiers interposé, les recherches porteront non sur la famille et la fortune du donateur, comme cela devrait être, mais sur la famille et la fortune de l'interposé. Qu'on suppose, par exemple, un donateur dont les parents sont dans la gêne et un tiers interposé dont la famille est dans une excellente situation de fortune, l'administration appelée à statuer accordera sans aucune difficulté l'autorisation du don manuel, tandis qu'elle l'aurait très certainement refusée, si elle avait été à même de connaître les véritables circonstances de la cause. Par conséquent le contrôle administratif qui s'exerce au sujet d'un don manuel par personne interposée n'est jamais qu'un contrôle insuffisant, les exigences de l'article 910 sont loin d'être satisfaites : autant dire que la loi est violée.

Ainsi le don manuel déguisé sous une interposition de personnes doit être annulé quand bien même le donateur, en usant de cette voie, n'aurait voulu en aucune façon échapper à la surveillance administrative ni cacher quelque chose d'illicite. Mais, hâtons-nous de le dire, la plupart du temps il n'en sera pas ainsi. Le donateur, en pratiquant l'interposition de personnes en faveur des personnes morales qu'il désire gratifier manuellement, n'aura eu d'autre but que de les soustraire au contrôle de l'autorisation qui peut seule les rendre capables, parce que sans doute il avait des raisons de croire que cette autorisation leur serait refusée. Il y a donc une véritable fraude à la loi, et à ce titre le contrat tout entier devra être annulé par application de l'article 911 : « Toute disposition au profit d'un incapable sera nulle, soit qu'on la déguise sous la forme d'un contrat à titre onéreux, soit qu'on la fasse sous le nom de personnes interposées. » Ainsi lorsqu'il est établi qu'un don manuel fait à un particulier est en réalité adressé par personne interposée à un établissement public et que la libéralité a été ainsi faite pour soustraire l'acceptation à l'autorisation administrative, il y a lieu d'annuler la disposition (1).

Il a été soutenu, il est vrai, par la Cour d'Angers (2) qu'en pareil cas on pouvait considérer la condition de remise par le donataire direct à l'établissement gratifié de la somme objet de la disposition, comme une condition contraire aux lois et par suite la déclarer nulle tout en maintenant la disposition principale, par application de l'article 900 du Code civil. Mais cette manière de voir ne nous paraît pas admissible. En effet, du moment qu'il est établi que le véritable destinataire de la libéralité était un établissement public et que le donataire direct n'était qu'un prête-nom, il n'y a aucun motif pour faire attribuer à un donataire apparent la libéralité que le donateur ne lui destinait nullement (3).

Si la violation de l'article 910 est le cas le plus fréquent de fraude à la loi dans les dons manuels déguisés, ce n'est cependant pas le seul, et il peut également arriver que l'interposition ait été employée par le donateur afin d'éluder les dispositions légales

(1) En ce sens : Cassation, 3 mars 1880 (D. 81.1.261) ; Paris, 3 mai 1872 (D. 72.2.179).

(2) Arrêt précité du 28 janvier 1848. Voir aussi en ce sens : Tissier, *Dons et legs*, n° 175. — Cet auteur prétend que les établissements publics et d'utilité publique sont capables en droit de recevoir à titre gratuit, que c'est l'exercice seul de cette capacité qui est restreint par les prescriptions de l'article 910 et qu'en conséquence l'article 911 ne saurait leur être appliqué.

(3) Demolombe, t. I, n° 611.

qui interdisent à certaines personnes morales l'acceptation de telle ou telle libéralité. Par exemple, des libéralités déguisées sont souvent faites en faveur des communautés religieuses ayant l'existence légale, mais qui ne peuvent recevoir à titre gratuit que dans les conditions déterminées par *la loi du* 24 *mai* 1825. Cette loi de 1825 a d'abord, dans son article 4, maintenu expressément, en ce qui touche les congrégations religieuses de femmes légalement autorisées, les prescriptions des articles 910 et 937 du Code civil auxquelles on avait essayé plusieurs fois de les soustraire et décidé que, même sous cette condition, elles ne pourraient jamais recevoir qu'à titre particulier. De plus elle a, dans son article 5, fixé d'une façon invariable la quotité disponible qu'un membre d'une congrégation religieuse peut librement transmettre soit à un autre membre de la même congrégation, soit à la congrégation elle-même. « Elle ne peut ainsi disposer au delà du quart de ses biens à moins que la libéralité n'excède pas la somme de 10.000 francs. Cette prohibition cessera d'avoir son effet relativement aux membres de l'établissement si la légataire ou donataire était héritière en ligne directe de la testatrice ou donatrice (1). » Au sujet de pareilles libéralités,

(1) Peut-il exister, à l'égard des personnes morales, d'autres incapacités *relatives* de recevoir que celle qui résulte de la loi de 1825 ? Faut-il leur appliquer celles qui frappent les médecins et ministres du culte (art. 909 C. civ.) ou les notaires (art. 8 de la loi du 25 ventôse an XI), en se fondant sur une présomption de

une jurisprudence constante décide aujourd'hui que dès lors qu'il est établi que l'interposition de personnes a eu pour unique but d'éluder les lois restrictives de la capacité de certaines personnes civiles, la disposition ainsi effectuée n'est pas seulement réductible, mais nulle et non avenue.

Dans le même ordre d'idées, un don manuel fait à un établissement public compétent (c'est-à-dire à celui qui a, de par la loi, qualité pour recueillir les sommes données en raison de leur destination), pour profiter à un établissement public non compétent, peut très bien être considéré comme un don manuel par personne interposée, fait en fraude des règles sur la capacité, et annulé pour cette raison.

Nous devons rappeler en terminant ce chapitre que la fraude à la loi ne se présume jamais, en cette matière comme en toute autre, mais qu'elle doit toujours être régulièrement prouvée. Les présomptions légales d'interposition de personnes écrites dans l'ar-

captation. Par exemple, un médecin est en même temps maire d'une commune et un don manuel est fait à cette commune par une personne qu'il a soignée durant sa dernière maladie; ou encore un don est adressé par un mourant à la Fabrique d'une église desservie précisément par le Curé qui lui a administré les derniers sacrements. — Y aurait-il en pareil cas pour la commune ou la Fabrique une véritable incapacité relative de recevoir? La négative n'est pas douteuse ; les incapacités, en effet, sont toujours de droit étroit, et si les médecins, ministres du culte ou notaires ne peuvent recevoir pour eux-mêmes, ils peuvent fort bien recevoir au nom de la personne morale dont ils sont constitués mandataires par la loi.

ticle 911 *in fine* ne sauraient recevoir leur application en ce qui touche l'incapacité de l'article 910 par cette raison très simple que les personnes de mainmorte ne peuvent avoir ni parents ni conjoint. C'est au jour où le don manuel indirect ou déguisé a été offert qu'il faut se placer pour apprécier si ce don est licite ou non ; il y a là une question d'intention qui ne peut jamais dépendre des événements ultérieurs.

CHAPITRE VI

DONS MANUELS AVEC INDICATIONS DE CHARGES.

Peut-on valablement adjoindre au don manuel des pactes qui en restreignent la portée ou qui en modifient les conséquences? Cette question a été, en ce qui touche les dons manuels faits à des particuliers, résolue en sens inverse par la jurisprudence et par la doctrine. Un arrêt de la chambre civile du 11 août 1880 (1) disait en propres termes : « que rien ne s'oppose à ce que la transmission d'un titre au porteur par don manuel soit soumise à des charges ou à des conditions ». Cette formule a été reproduite, presque identique, par un arrêt de Paris du 30 décembre 1882 (2).

Au dire de la jurisprudence, les conventions qui accompagnent le don manuel doivent jouir de la même liberté que celles qui accompagnent une donation authentique, puisque, en dehors de la tradition, le Code civil n'exige pas d'autre condition pour le don manuel. Le don manuel jouissant de toutes franchi-

(1) Cassation (Civ.), 11 août 1880 (S. 81.1.15),

(2) Labbé, Examen doctrinal de jurisp. civ. (*Revue critique de législ.*, 1882, t. XLVIII, p. 338).

ses dans notre droit moderne, la clause qui lui est jointe doit profiter des mêmes franchises en vertu de ce principe : « *Accessorium sequitur principale* ». Au contraire, M. Labbé a soutenu l'inexistence des pactes accessoires au don manuel et déclaré que le seul don manuel permis était celui de la « pleine, libre et stable propriété ». En matière de dons manuels, dit-il, tout est exceptionnel : la légalité n'en a été reconnue dans notre droit que parce qu'on s'est avoué impuissant à l'empêcher en fait. Toute sa force réside dans le fait matériel de la possession transmise. Dès lors, dès que, pour faire connaître sa portée et son étendue, il est nécessaire d'ajouter un titre à la possession, le don manuel ne peut plus être permis. Les pactes adjoints tendant à décomposer la possession ne peuvent résulter que d'un titre et, puisqu'il s'agit de donation entre vifs, ce titre doit être authentique; donc le don manuel ne peut comporter l'adjonction de pactes.

Si le système de M. Labbé est plus conforme au droit positif et à l'esprit du Code touchant les donations entre vifs, il est incontestable que celui de la jurisprudence observe bien mieux le grand principe, si universellement admis de nos jours, de la liberté des conventions, qu'il est surtout beaucoup plus conforme à l'équité, et, comme l'équité doit être après tout notre principal guide dans une matière qui touche de si près le droit naturel, nous n'hésitons pas à lui donner la préférence. Qu'y a-t-il en effet de moins équitable que cette conséquence déduite par M. Labbé, qui aboutit à effacer les pactes en maintenant le don lui-même en vertu de l'article 900 et, contrairement à la volonté clairement exprimée du disposant, à exonérer le donataire des charges qui lui avaient été imposées.

Le don manuel ordinaire, c'est-à-dire le don manuel fait à une personne réelle et certaine, peut donc, selon nous, être accompagné de pactes accessoires. Mais faut-il en dire autant du don manuel fait à une personne morale (commune, établissement de bienfaisance, etc.) ? La négative s'impose aujourd'hui, du moins en principe, et voici à peu près quelle a été la marche de la jurisprudence administrative à ce sujet.

Elle a commencé par admettre la validité du don manuel avec charges aux personnes morales, témoin cet arrêt déjà cité de la Cour de Paris du 12 janvier 1835 qui sans même tenir compte des prescriptions de l'article 910 validait un don manuel de 3.700 francs fait à un séminaire avec charge de rente viagère au profit du donateur.

Mais en 1847, le *Mémorial des percepteurs*, organe officieux de l'administration, décidait au contraire que si les auteurs d'un don manuel stipulent du donataire l'accomplissement de certaines conditions ou charges, il faudra pour donner efficacité à cette disposition dresser un acte de donation régulier et authentique (*Mémorial des percepteurs*, 1847, p. 108).

Trois ans plus tard, le Conseil d'Etat, dans un avis du 5 décembre 1850 par lequel il refusait aux hospices d'Auray d'accepter un don manuel de 4.000 francs pour fondation de lit, exprimait cette opinion « qu'il ne convient pas en la matière des dons manuels de formuler des principes ; le seul principe qu'il faille adopter, disait-il, c'est celui-ci : dès qu'il y a lieu de se demander si un acte auquel figure un établissement public contient bien une donation à son profit (en raison des charges qu'il contient), l'intérêt de l'établissement exige que cet acte soit passé devant notaire ». Enfin, pour consacrer cette jurisprudence, une circulaire du ministre des cultes du 10 avril 1882 et une autre encore plus explicite du ministre de l'intérieur (18 octobre de la même année) prescrivirent que les dons faits sous des charges ou des conditions aux établissements publics ne pourraient être reçus sous la forme des dons manuels, mais devraient être constatés à peine de nullité par des actes authentiques de donation et seraient à plus forte raison soumis aux formalités des articles 910 et 937, sans avoir égard d'ailleurs au plus ou moins d'importance des sommes ou des objets donnés. On a pensé que seul, l'acte authentique peut assurer, à perpétuité même s'il le faut, l'exécution de la volonté du disposant et l'accomplissement des charges par lui stipulées (1) ;

(1) Voir dans ce sens une décision du ministère de l'intérieur du 23 septembre 1870 (*Mémorial des percepteurs*, 1872, p. 556).

et, moyennant cette formalité, le don manuel adressé à une personne morale peut être valablement accompagné de toutes les charges qui ne sont contraires ni aux lois ni aux bonnes mœurs.

Néanmoins comme la règle qui prescrit en cette matière la rédaction d'un acte notarié est absolument dépourvue de sanction, et que de plus, en s'en affranchissant, les établissements peuvent réaliser une véritable économie, l'administration s'est très souvent départie de cette rigueur dans la pratique : elle s'est presque toujours contentée d'une simple note jointe à la demande d'autorisation et indiquant les charges qui ont été stipulées accessoirement au don manuel (1). En revanche, la jurisprudence judiciaire qui admet ce même principe l'a encore maintenu dans toute sa rigueur par un arrêt assez récent de la Cour de Nancy (2). Cet arrêt a décidé contre la ville de Givet qu'un don manuel qui intéresse une commune doit, à peine de nullité, être constaté par acte notarié lorsqu'il comporte des charges ou affectations spéciales.

Mais, en supposant même l'application rigoureuse du principe, au moins faudrait-il être fixé sur le point de savoir ce qu'on doit entendre par don manuel fait sous des conditions ou des charges, et, ici

(1) Dictionnaire des droits d'enregistrement, V° *Don manuel*, n° 453.

(2) Nancy, 29 avril 1893 (D. 94. 2. 335).

encore, un critérium précis paraît faire défaut. Le don manuel avec charges, c'est avant tout, a-t-on dit, celui qui doit constituer une fondation et dont il y a lieu d'assurer l'exécution à perpétuité. Le don manuel fait sous la simple indication d'une destination déterminée et pour être employé immédiatement suivant cette destination, n'est pas fait avec charges et conditions. Par exemple, la désignation d'une certaine catégorie de pauvres auxquels le don manuel devra être distribué n'est pas une condition ni une charge (*Mémorial des percepteurs*, 1868, p. 550).

Il pourra aussi, dans certains cas, être très difficile de reconnaître le don manuel *onéreux*, c'est-à-dire accompagné de charges au profit du donateur ou de ses héritiers, du véritable contrat à titre onéreux qui échappe naturellement à l'article 910. C'est là une question subordonnée aux circonstances de chaque affaire. Pour qu'il y ait contrat à titre onéreux, il n'est d'ailleurs pas indispensable que le donateur reçoive l'équivalent matériel de la valeur de l'objet donné, c'est-à-dire qu'on lui abandonne une somme d'argent, un objet corporel, ou un droit appréciable en argent. Il faut également tenir compte des avantages moraux ou même des simples agréments que l'exécution de ce contrat pourra lui procurer.

Suivant l'opinion la plus accréditée aujourd'hui, le don manuel aux personnes morales ne peut être accompagné d'aucune charge. Mais peut-il davantage leur être adressé sous une modalité quelconque, *terme* ou *condition*? Tout d'abord il ne peut être ici question ni de terme suspensif, ni de condition suspensive ; le don manuel, en effet, n'a d'existence que par la tradition ; or, admettre la validité d'un don manuel tout en reportant à une date postérieure la remise effective de l'objet donné, ce serait consacrer indirectement l'efficacité d'un pareil don par la seule convention des parties, ce qui ne peut se concevoir. Restent donc deux espèces de modalités compatibles avec le don manuel : le terme extinctif et la condition résolutoire, et même cette dernière doit seule nous occuper, comme étant pratiquement la plus importante.

La condition résolutoire peut, en ce qui concerne les libéralités, affecter deux formes très différentes : tantôt elle dépend de la seule volonté du donataire, c'est une condition potestative ; tantôt elle dépend du hasard ou de la volonté d'un tiers, c'est une condition casuelle, non potestative.

Au sujet de la première le doute, semble-t-il, n'est pas possible : elle est manifestement contraire au grand principe de l'irrévocabilité, et comme ce principe est commun à toutes les donations entre vifs, le don manuel fait sous une pareille condition doit être annulé tout aussi bien qu'une donation authentique, en vertu de l'article 944 du Code civil.

Toute la difficulté se réduit donc à savoir si un don

manuel peut être adressé à une personne morale sous une condition résolutoire non potestative de la part du donateur, et, cette difficulté, nous n'hésitons pas à la résoudre dans le sens de la négative : la propriété à la fois *entière* et *stable* des choses mobilières peut seule être transférée au moyen d'un don manuel ; donc l'adjonction d'une condition résolutoire, tout autant que l'adjonction d'une charge, exige absolument la rédaction d'un acte notarié. Il en résulte que la condition résolutoire, lorsqu'elle accompagne un don manuel, n'est pas seulement réputée non écrite, mais qu'elle vicie la libéralité elle-même. La personne morale gratifiée peut être forcée de rendre les sommes données, avant même que la condition ne soit accomplie.

CHAPITRE VII

CAS EXCEPTIONNELS DANS LESQUELS LE PRINCIPE DE L'ARTICLE 910 CESSE DE S'APPLIQUER AU DON MANUEL.

Plus d'une fois déjà, au cours de cette étude, on a pu se convaincre que l'application de l'article 910, autrement dit du principe de l'autorisation administrative, aux dons manuels est surtout rigoureuse en théorie, mais que, dans la pratique, cette rigueur souffre bien des tempéraments, imposés d'ailleurs par la force des choses. Dans certains cas, nous avons vu l'autorisation retardée, ou suppléée par une simple approbation d'emploi ; dans d'autres, les dons manuels en sont complètement dispensés. Ces cas exceptionnels se font chaque jour plus nombreux. Ils tendent progressivement à diminuer la portée du principe, jusqu'au jour où ils l'absorberont complètement. Il est donc nécessaire de les grouper dans un chapitre spécial.

1° Dons modiques.

Autant il aurait été dangereux de soustraire à toute surveillance administrative les acquisitions à titre gratuit faites par les personnes morales sous forme de dons manuels, autant il serait excessif et gênant dans la pratique d'exiger cette condition de l'autorisation pour les dons modiques.

On ne peut craindre en effet que des sommes d'aussi minime importance contribuent à l'enrichissement exagéré des personnes morales, et d'autre part on doit présumer qu'elles ont été prises sur les revenus du donateur et qu'elles n'ont donc nullement entamé son patrimoine. Dès lors, les dangers qu'on a voulu prévenir dans l'article 910 disparaissent et cet article ne saurait s'appliquer. Nous avons d'ailleurs sur ce point un texte formel, un avis du comité de législation du 28 janvier 1840 (1). La pratique administrative dut se former assez vite en ce sens, car un recueil qui était l'organe officieux de l'administration s'exprimait déjà en ces termes en 1843 : « La règle de l'autorisation ne s'applique aux dons manuels qu'autant que ces libéralités présentent une importance telle que l'administration publique ait intérêt à en assurer au besoin l'exécution. S'il ne s'agit que de modiques sommes qu'on puisse, eu égard à la position de fortune du donateur, considérer comme des cadeaux et des aumônes, l'autorité n'a pas l'habitude d'intervenir. En ce qui concerne les dons manuels qui ne constituent que des aumônes, le défaut d'autorisation et d'acceptation ne nous paraissait pas pouvoir entraîner des difficultés sérieu-

(1) Vuillefroy, *Administration du Culte catholique*, p. 282, note B.

ses, la tradition étant en ce cas une garantie suffisante pour l'établissement. Mais lorsqu'il s'agit de dons manuels d'une certaine importance, le défaut de qualité de l'administration charitable pour recevoir le montant de ces libéralités pourrait, malgré l'exécution volontaire qui en aurait été faite, donner lieu plus tard à des contestations et par suite à des restitutions qui deviendraient gênantes pour ces établissements. Il paraît donc prudent de provoquer, dans tous les cas, l'accomplissement des formalités. » (*Mémorial des percepteurs*, 1843, p. 270.)

Naturellement la modicité d'un don manuel est chose très relative et variable, et dépend surtout de la situation de fortune du donateur (1). Mais, si c'est là le principal critérium, ce n'est pas le seul. Autrement on courrait le risque de voir les établissements publics recueillir librement des sommes considérables, sous le prétexte qu'elles sont insignifiantes eu égard à la fortune du donateur. Il faut donc examiner de plus quelle est l'importance intrinsèque du don manuel, quel appoint il apportera à la fortune de l'établissement public, et, avec ces deux éléments d'appréciation, on peut être sûr que les intentions du

(1) Certains auteurs comme Bayle-Mouillard (t. II, p. 97) avaient bien proposé de prendre une limite invariable, et donné aux juges la faculté d'admettre que l'autorisation du don manuel serait exigée dès que sa valeur dépasserait 300 francs, c'est-à-dire la somme pour laquelle l'ordonnance de 1817 dispense de recourir à l'autorité centrale. Mais une limite fixe semble être à la fois impossible et contraire à l'équité.

législateur ne seront jamais méconnues. Cette dérogation n'a cependant pas été admise par tous les auteurs. M. Laurent, en particulier (1), la repousse en disant que l'article 910 ne fait aucune distinction, et qu'elle n'aboutit à rien moins qu'à détruire la règle. Il donne même comme exemple de ce prétendu résultat l'arrêt de la Cour de Paris du 12 janvier 1835 (précité) qui a qualifié de modique la somme de 3.700 fr., donnée manuellement par un ecclésiastique au séminaire de Sens. La Cour de Paris motive son arrêt en disant que cette dérogation a toujours été admise : « Considérant, dit-elle, que les établissements ecclésiastiques ont toujours eu la faculté de recevoir sans autorisation du gouvernement les dons manuels de sommes modiques.... » Cet argument n'en est pas un. Le principe unanimement reconnu, dit M. Laurent, c'est que les dons manuels tombent sous l'application de l'article 910. Si, par exception, certains dons manuels échappent à cette nécessité, ce ne peut être qu'en vertu d'un texte formel. Quand une loi a posé une règle générale, une loi seule peut apporter des modifications à cette règle. Or jusqu'ici les seules modifications légalement admises concernent les aumônes, les offrandes provenant des quêtes ou recueillies dans les troncs, et il est impossible de les étendre par analogie à d'autres cas.

L'erreur de M. Laurent et des autres auteurs vient

(1) Laurent, *Principes de droit civil*, t. XI, n° 306.

surtout de ce qu'ils ont cru que la modicité des dons manuels devait s'apprécier uniquement d'après la fortune du donateur ; et avec le correctif qui a été indiqué plus haut, ils ne sont plus autorisés à prétendre que la limite entre le don modique et le don qui ne l'est pas est pratiquement impossible à établir.

2° Aumônes, offrandes, oblations.

Ici le doute n'est pas possible, car on est en présence de textes législatifs qui apportent autant de dérogations à l'article 910.

1° En ce qui concerne les bureaux de bienfaisance et les hospices ; la loi du 7 frimaire an V (art. 8) et l'arrêté du gouvernement du 4 pluviôse an XII leur ont donné implicitement le droit de recueillir sans aucune autorisation toutes les offrandes et les aumônes de peu d'importance qu'on leur apporte journellement.

2° En ce qui concerne les Monts-de-Piété ; les dons manuels en argent et minimes qui leur sont adressés sont acceptés purement et simplement par leurs conseils d'administration, à moins toutefois qu'ils ne soient faits dans des conditions qui impliqueraient l'aliénation de quelque droit de la part du Mont-de-Piété. (*Jurisprudence générale*. Dalloz, Mont-de-Piété, p. 37.)

3° En ce qui concerne les fabriques ; il résulte de l'article 76 de la loi du 18 germinal an X, et du décret du 30 décembre 1809 (§ 9 de l'art. 36) qu'elles ont qualité en dehors de toute surveillance administrative pour recevoir les offrandes ou aumônes remises manuellement soit aux ministres du culte, soit à la fabrique même, sans aucune condition d'ailleurs et pour être dépensées tout entières suivant les seules indications du budget. De même les oblations volontaires qu'autorise directement l'article 69 de la loi de germinal sont inscrites sans autre formalité sur les livres du comptable de la fabrique, à moins cependant qu'elles aient eu pour objet des services religieux déterminés. (V. *infrà.*)

Certains auteurs ont essayé de donner en quelque sorte une extension à la loi de germinal an X, et d'attribuer le caractère d'*oblation* à toute une catégorie de dons manuels, prétendant qu'à défaut d'une loi de pareils dons devaient être dispensés d'autorisation par la force même des choses. Suivant les uns, devraient être classées parmi les oblations toutes les offrandes volontaires faites à l'autel ou hors de l'autel, au plat, à la quête, ou au tronc (1).

D'autres trouvent cette définition incomplète et vont encore plus loin : ils comprennent sous le titre d'oblation tout ce qui est donné par les fidèles pour subvenir aux frais du culte ou à l'entretien de ses ministres ; ces oblations d'après le décret du 30 décembre 1809 peuvent être libres ou tarifées ; or lors-

(1) André, *Législation civile et ecclésiastique*, t. 4, p. 22.

qu'elles sont libres, le montant en est illimité, et, en cas de discussion, doit être forcément abandonné à l'appréciation des tribunaux. On ne peut donc, disent-ils, établir une limite fixe au delà de laquelle il n'y a plus oblation, mais don manuel proprement dit, et c'est le but qu'elle doit remplir qui caractérise à proprement parler l'oblation. Ce système ne nous paraît guère admissible ; comme toutes les dispositions exceptionnelles, celles que nous venons de rappeler doivent être interprétées limitativement, si l'on ne veut pas tomber dans le plus complet arbitraire. Où s'arrêter, dès qu'on est sorti des termes de la loi ? C'est ainsi que la Cour de Paris, par un arrêt du 16 décembre 1864 confirmant un jugement du Tribunal de la Seine (1), déclare qu'il n'y avait pas lieu à autorisation pour offrande faite à la Fabrique de St-Thomas d'Aquin ; et dans l'espèce sur laquelle statuait cet arrêt, l'offrande consistait en une somme de 24.000 francs. — Après la mort de M. l'abbé de Laurichesse, vicaire à St-Thomas d'Aquin, on trouva dans son armoire de la sacristie la reconnaissance d'une dette de 24.000 francs faite par un sieur Morel avec cette mention que la somme n'appartenait pas à l'abbé de Laurichesse, mais lui était simplement confiée pour servir plus tard à l'acquisition d'un presbytère. La Cour considéra cette libéralité comme une simple aumône, sous ce prétexte qu'elle avait été re-

(1) Paris, 16 décembre 1864 (D. 66. 2. 191).

mise entre les mains de l'ecclésiastique préposé à la réception des dons et offrandes pour la fabrique : « Attendu en effet, disait le Tribunal civil de la Seine, que la destination que devait recevoir la somme, le titre de premier Vicaire à St-Thomas d'Aquin et les fonctions qui y sont attachées, établissent clairement que cette somme appartient à la Fabrique. » — Ce critérium est inexact, ou tout au moins insuffisant, et cependant la Cour de Paris en confirmant le jugement a reproduit le même motif en ces termes : « Considérant que l'abbé de Laurichesse était préposé par ses fonctions à la réception des dons et offrandes nombreux qui étaient faits à St-Thomas d'Aquin ; que les fidèles, en remettant leurs libéralités au premier vicaire de la paroisse, n'entendaient pas se constituer un mandataire, mais donner à la Fabrique elle-même dans la personne de son représentant ou dépositaire naturel ; qu'en conséquence ces libéralités rentraient par leur nature dans la classe des oblations et offrandes pour l'acceptation desquelles les Fabriques n'ont pas besoin d'une autorisation spéciale » (1).

Il est donc maintenant de jurisprudence que le don manuel fait à une fabrique d'une somme expressément et immédiatement destinée à l'acquisition d'un presbytère ou à l'agrandissement d'une église, rentre par sa nature dans la catégorie des oblations

(1) Voir dans le même sens : Vuillefroy, *Culte catholique*, p. 282. Bayle-Mouillard, t. II, n° 178, note A.

et des offrandes, pour l'acceptation desquelles les fabriques n'ont pas besoin d'une autorisation spéciale ; de plus, en pareil cas, le défaut d'autorisation ne peut jamais être invoqué par celui qui a reçu le don pour la fabrique. Mais, en revanche, d'après un jugement du Tribunal de Caen (22 novembre 1886) (1), il faut traiter comme dons manuels sujets à l'autorisation les offrandes qui ne devaient pas être nécessairement affectées aux œuvres pieuses ou charitables en vue desquelles elles ont été recueillies ; ou plutôt ces offrandes deviendraient après coup de véritables dons manuels, lorsque l'établissement donataire, fabrique ou autre, libre d'en disposer à son gré, les aurait affectées à des acquisitions, constructions, ou tout emploi autre qu'une attribution immédiate.

3° Quêtes, troncs, souscriptions.

Les quêtes ou collectes, publiques ou à domicile, faites par certains établissements publics, soit pour les pauvres, soit pour d'autres objets, constituent pour ceux qui sont appelés à en recueillir l'émolument de véritables dons manuels, mais ces dons manuels sont à juste titre considérés comme des aumônes et ils échappent à la nécessité de l'autorisation en vertu des lois ou des règlements spéciaux qui régissent les établissements dont il s'agit.

Les bureaux de bienfaisance et les hospices ont été

(1) *Pandectes françaises*. Donations, II, n° 13, 286.

investis du droit de faire quêter dans tous les temples consacrés à l'exercice des cérémonies religieuses ainsi que dans tous les autres lieux publics qui disposent à la charité, et du droit de faire des collectes à domicile tous les trois mois par un arrêté du ministre de l'intérieur du 5 prairial an VI.

Les fabriques sont autorisées, elles aussi, par le décret du 30 décembre 1809 (art. 36, 7°), à faire des quêtes dans les églises pour subvenir aux frais du culte, après réglementation de l'évêque sur le rapport des marguilliers. Ainsi le produit des quêtes faites dans une église pour les frais du culte est versé dans la caisse de la Fabrique, celui des quêtes faites pour les pauvres est versé dans la caisse du bureau de bienfaisance. Mais, en dehors de celles du bureau de bienfaisance, d'autres quêtes que celles pour les besoins du culte peuvent-elles être faites dans les églises ? Oui, à condition d'avoir été prescrites formellement par les curés après autorisation de l'évêque. Encore leur a-t-on refusé le droit d'en prescrire pour les besoins des pauvres en général, comme portant atteinte au privilège du bureau de bienfaisance, ce qui semble tout au moins contestable. (Lettre du ministre des cultes du 19 juillet 1865.)

Tous les établissements qui ont le droit de faire des quêtes ont aussi généralement le droit d'avoir des troncs, et les sommes recueillies dans ces troncs constituent naturellement des aumônes dispensées de l'autorisation, quel que soit le chiffre que puissent atteindre certaines d'entre elles (1). Un procès-verbal de levée de tronc constate leur réception par l'établissement propriétaire du tronc.

Des troncs peuvent être placés dans toutes les églises pour les frais du culte, après réglementation de l'évêque, et le produit en est versé dans la caisse de la Fabrique (Décret de 1809, art. 36-80). D'autre part, les bureaux de bienfaisance ont le droit de faire placer un tronc dans chaque église, pour les pauvres. Enfin quant aux troncs qui ne sont pas affectés au service du culte, mais dont le placement a été autorisé par l'évêque, le curé est seul responsable du produit de ces offrandes et doit les employer suivant les intentions du donateur.

On estime aussi d'ordinaire qu'il n'y a pas lieu de soumettre comme dons manuels à l'autorisation prescrite par l'article 910, les souscriptions ouvertes par les communes, les établissements de bienfaisance, les fabriques, etc., pour une bonne œuvre, pour la construction ou la restauration d'un édifice. Ce sont

(1) En effet, bien qu'en fait toutes les pièces de monnaie qui constituent la somme déposée dans un tronc puissent émaner de la même personne et représenter une valeur très considérable, en droit, rien ne le prouve. « Chacune de ces unités peut émaner de divers individus ou être considérée comme telle. C'est alors comme autant d'offrandes séparées et isolées, versées dans le tronc à titre de présents ou d'aumônes courantes et nous avons dit qu'aucune autorisation ne doit être exigée pour ces dons. » (Bressolles, *Théorie et pratique des dons manuels*, p. 467.)

en quelque sorte des collectes et les sommes ainsi recueillies ne sont jamais bien importantes (1). Si cependant elle devait dépasser les proportions d'une simple aumône, l'administration centrale exigerait des renseignements sur la situation de fortune des souscripteurs, et la souscription ne serait pas autorisée si elle constituait une donation véritable, hors de proportion avec la situation de fortune du donateur.

S'il s'agissait d'une souscription ouverte par le maire d'une commune pour la construction d'un édifice public, la souscription volontaire faite entre les mains du maire par l'un des habitants serait-elle encore un don manuel ou bien ne pourrait-elle pas être considérée comme un contrat commutatif, parce que le donateur doit participer à l'avantage commun résultant de la construction projetée, et à ce titre être dispensée de l'autorisation ? C'est ce qu'avait soutenu la Cour de Paris dans un arrêt du 11 décembre 1827 et la Cour de cassation confirma cet arrêt (Req., 7 avril 1829) (2) en décidant que les articles 910 et 937 ne pourraient ici trouver leur application et qu'en conséquence la souscription volontaire faite entre leurs mains était obligatoire pour les héritiers du souscripteur, quoique celui-ci fût décédé avant que

(1) Par application de ces principes, on a dispensé d'autorisation la souscription qui a pour objet l'érection d'un monument à la mémoire d'un homme célèbre (Projet de décret et note de la section intérieure du Conseil d'Etat, 1er avril 1890).

(2) Cassation, 7 avril 1829 (Sir. 29.1.131).

le maire eût été autorisé à accepter. Cette décision n'est pas à l'abri de toute critique : peu importait, dans l'espèce, que la donation fût intéressée, c'est-à-dire que le donateur dût participer à l'avantage général ; il n'y a pour ainsi dire pas de fondations pieuses, de donations à un établissement public dont l'avantage ne doive être partagé par le donateur ou par sa famille. La loi deviendrait illusoire si de semblables donations pouvaient être dispensées de l'autorisation administrative par le seul motif que l'auteur de la donation participera aux avantages qui en doivent résulter.

Le Conseil d'Etat, dans un avis du 22 juin 1877 (D. 77.3.86), décida dans le même sens, qu'aucune forme spéciale et à plus forte raison aucune approbation de l'autorité supérieure n'est exigée pour la validité des souscriptions ayant pour objet de concourir à l'exécution d'un travail public. Lorsqu'une souscription est ouverte pour la reconstruction d'une église et qu'elle a été ouverte au nom de la fabrique, c'est à la fabrique et non à la commune qu'en revient le produit, « parce que, suivant l'avis du Conseil d'Etat du 16 mars 1868, la somme recueillie n'est autre que le résultat des offrandes faites par les fidèles, dans un intérêt religieux, à un établissement public ayant capacité spéciale pour représenter cet intérêt ».

4° Dons manuels en nature, présents, etc.

Est-il besoin d'insister longtemps sur ce point? Même en poussant à l'extrême l'application de l'article 910, personne n'oserait soutenir que les formalités de l'autorisation soient nécessaires pour déposer du linge, des ornements, des tableaux dans une sacristie, pour envoyer des récompenses aux enfants d'une école, pour doter un hospice de quelque meuble ou de quelque instrument....etc., etc.

Pour les dons manuels en nature, l'acceptation consiste essentiellement et exclusivement dans la prise de possession du donataire, et il ne peut être question d'autorisation.

Il pourra arriver parfois que ces dons aient une assez grande valeur, comme par exemple s'il s'agit d'ornements, de vases sacrés, d'objets d'art...etc., donnés à la fabrique d'une église. Même dans ce cas, la fabrique les aura très valablement reçus et les héritiers du donateur ne pourront sous aucun prétexte les revendiquer contre elle, pourvu que les objets dont il s'agit aient été transportés dans la sacristie de la paroisse avant le décès du donateur et que la tradition en ait été constatée par deux ou trois témoignages.

Cependant ces dons manuels en nature peuvent quelquefois présenter des inconvénients. Il n'est pas impossible par exemple que des ornements, des vases sacrés laissés pendant quelque temps à l'usage de la fabrique, mais seulement à titre de prêt, lui soient donnés plus tard de la main à la main ; puis, qu'après la mort du donateur, ses héritiers ne viennent les réclamer en fondant leurs réclamations sur ce qu'on a la preuve constante que ces objets matériels avaient été d'abord simplement prêtés, et qu'il n'y a au contraire aucune preuve que le simple prêt à usage ait été converti en donation. Pour obvier à ces inconvénients et à d'autres semblables, en un mot, chaque fois qu'un doute de cette nature pourra s'élever, il sera prudent de faire constater par acte authentique la tradition des objets donnés.

5° Libéralités consistant à faire exécuter, à ses frais, certains travaux au profit d'une personne morale.

Il ne peut davantage être question d'exiger d'un établissement public, d'une commune par exemple, l'autorisation administrative lorsqu'une personne emploie ses deniers à l'agrandissement ou à la construction d'un bâtiment communal, alors que ces deniers n'ont pas été remis à la commune, mais ont été versés directement aux ouvriers au fur et à mesure de l'exécution des travaux. En agissant de la sorte, elle rémunère simplement les ouvriers des travaux qui devront profiter à la commune, mais elle ne fait nullement un don manuel, puisqu'il n'y a pas de tradition effective des objets donnés, et que c'est là un des éléments essentiels de tout don manuel. (Nancy, 29 avril 1893, D. 94.2.335.)

6° Dispositions en faveur d'œuvres pies, fondations de messes... etc.

Toutes les dispositions qui ont pour objet des « œuvres pies », c'est-à-dire des prières ou des messes à faire dire pour le repos de l'âme du disposant, présentent à n'en pas douter, au regard des ministres du culte qui doivent exécuter ces services, le caractère de charges et non celui de libéralités proprement dites. Le paiement des messes, à l'égard du prêtre qui est chargé de les dire, ne constitue pas une libéralité, mais la rémunération d'un service. Ainsi le décidait encore un arrêt de la Cour de Paris du 23 novembre 1877 (D. 78.2.233). Ce point de vue mis à part, il faut ici faire une distinction : d'après la jurisprudence du Conseil d'Etat, lorsque les services qui font l'objet d'une disposition de ce genre doivent être célébrés immédiatement après le décès du disposant, l'exécution peut en être confiée parfaitement à l'héritier légitime ou à l'exécuteur testamentaire. On la considère alors au regard de celui-ci comme une simple charge d'hérédité, et elle ne peut donner lieu à aucune demande d'autorisation (Décision du Ministre des Cultes du 12 mars 1855. Circulaire du Ministre des Cultes du 10 avril 1862). Si au contraire le donateur a voulu donner à sa disposition en faveur d'œuvres pies un caractère de perpétuité et en faire en quelque sorte une fondation en donnant un capital dont les revenus seuls doivent être affectés à des célébrations de messes, sans fixation de limites, c'est au conseil de fabrique et à lui seul qu'elle pourra être adressée ; elle prendra à son égard le caractère d'une véritable libéralité et il devra en principe se munir de l'autorisation pour l'accepter.

Nous supposons donc qu'une personne a, directement et par acte de dispositions entre vifs, chargé une fabrique de faire exécuter après sa mort un certain nombre de services religieux (1). De deux choses l'une : ou le prix versé est inférieur ou égal au prix des messes tel qu'il est fixé par le tarif de la fabrique et de plus la volonté de gratifier ne ressort clairement ni de la qualification de l'acte, ni de ses termes, ni des circonstances de fait ; on est en présence d'un contrat à titre onéreux très valablement passé en la forme sous seing privé et pour lequel l'autorisation de l'ar-

(1) En effet si ces services n'étaient stipulés qu'accessoirement et comme condition d'une libéralité faite à un établissement public, nous serions dans l'hypothèse d'un don manuel fait avec charge de services religieux ; car tout établissement charitable, bureau de bienfaisance ou hospice, peut être appelé à recueillir un don manuel sous la condition d'exécuter des services religieux pour le donateur ou pour un tiers désigné par lui. D'après un avis du Conseil d'Etat du 4 mars 1841, le don doit alors être accepté à la fois par l'établissement ou l'hospice donataire principal, et par la fabrique qui en bénéficiera indirectement. De plus, il doit être au préalable soumis à l'appréciation de l'évêque compétent, afin qu'il puisse régulariser la fondation, fixer l'acquittement des charges pieuses et les réduire lorsqu'il les juge hors de proportion avec la libéralité elle-même (conformément à l'article 29 du décret de 1809), et cela, même malgré l'autorisation administrative.

ticle 910 ne peut être exigée (1) ; ou au contraire le fondateur des messes a versé un prix sensiblement supérieur au tarif de la fabrique, en stipulant par exemple que ce qui dépassera le prix du tarif sera attribué au prêtre chargé de dire les messes ; ou bien encore la convention portait que les revenus des sommes ou les arrérages des titres de rente remis à une fabrique seraient employés en partie à des services religieux et pour le surplus à l'entretien des ornements sacrés, ou à subvenir aux frais des cérémonies, etc. Une convention de cette nature constitue certainement pour la fabrique une acquisition à titre gratuit soumise à l'article 910. Mais ce ne peut être un don manuel, car la disposition ne sera valable que si un acte de donation a été passé dans les formes prescrites par la loi.

7° Dot des religieuses.

Les constitutions de dot de religieuses faites manuellement, autrement dit, les sommes versées à une communauté religieuse reconnue à titre de dot d'une religieuse, soit par cette religieuse elle-même, soit par un tiers, de même que l'abandon par cette reli-

(1) Délibération du 6 mai 1862 (*Journal de l'enregistrement*, 18399). A ce propos, disons qu'une fabrique ne pourrait refuser d'accepter une fondation de messes pour ce seul motif qu'elle en retire peu d'avantages, le gage de fondation n'étant que l'équivalent exact du prix des messes. Si la fabrique se refusait à passer le contrat, elle pourrait y être contrainte par le gouvernement.

gieuse des revenus de ses biens pour être employés aux dépenses de la communauté sans reddition de comptes, forment en principe des contrats commutatifs *do ut des* ; ils entraînent en effet des obligations pour chacune des parties contractantes ; la religieuse ou celui qui constitue la dot s'oblige à rendre la communauté propriétaire des sommes versées, et la communauté prend à sa charge l'entretien et la nourriture de la religieuse, le soin de sa santé en cas de maladie, etc.

La règle générale est donc que les constitutions de dot sont pour les communautés des acquisitions à titre onéreux qui ne sauraient être soumises à l'autorisation administrative. Mais il en serait tout autrement, si, sous l'apparence d'une constitution de dot, une communauté reconnue se trouvait être bénéficiaire d'une somme qui dépasse de beaucoup en importance le montant des charges à elle imposées ; il y aurait alors à son profit une sorte de libéralité virtuelle qui ne pourrait être acceptée valablement qu'après autorisation. L'arrêt de la Cour de Paris du 28 janvier 1881 (réformant un jugement du tribunal de Versailles du 28 juillet 1878), n'a fait qu'appliquer ces principes : « Considérant, dit-elle, que la preuve de la remise manuelle des 20.000 francs versés à titre de dot ressort de tous les documents du procès..... Considérant qu'il ressort de ces mêmes documents l'aveu judiciaire de l'existence d'un contrat de dot conclu et consommé..... Considérant que dans les circonstances du procès ce contrat est à titre onéreux ; qu'il ne tombe pas sous l'application de l'article 910 du Code civil (1). » Il a été jugé dans le même sens que le versement d'une somme à titre de dot fait par une religieuse, lors de son admission dans une communauté légalement établie, ne constitue pas par lui-même une libéralité, mais un contrat commutatif (2).

En résumé, le système actuel de la jurisprudence sur les dons manuels faits aux personnes morales n'a guère changé depuis quelques années, et voici à peu près quel il est :

La jurisprudence continue à observer le principe qui soumet les dons manuels à l'autorisation. En effet, parmi les documents les plus récents, on trouve un avis de la section de l'intérieur du Conseil d'Etat du 12 mai 1886, portant que les dons manuels sont soumis à l'autorisation du Gouvernement après autorisation régulière ; et une circulaire du Ministre de l'Intérieur du 31 janvier 1887 qui paraît avoir été déterminée par un intérêt purement fiscal d'après ses termes mêmes, et qui énonce que d'après la jurisprudence du Conseil d'Etat, l'article 910 du Code civil s'applique

(1) Paris, 26 janvier 1881 (D. 82.2.105).

(2) Cassation, 10 février 1868 (D. 68.1.179). Voir dans le même sens: Cassation, 22 décembre 1851, Leroy (D. 52.1.37).

aux dons manuels aussi bien qu'aux autres libéralités. Mais si elle maintient le principe de l'article 910, la jurisprudence administrative y apporte une dérogation qui par son importance tend à absorber la règle elle-même : elle consiste à dispenser de l'autorisation tous les dons manuels qui auront le caractère d'aumônes, et sous cette dénomination d'aumônes ou d'offrandes peuvent se ranger la plupart des cas exceptionnels que nous venons de passer en revue. Seulement, il faut le reconnaître, ce qui manque le plus à la jurisprudence, c'est un critérium certain qui lui permette de distinguer dans la pratique l'aumône véritable du don manuel. Aussi, jusqu'à présent, s'est-elle surtout laissé guider dans cette appréciation par les circonstances de fait. C'est ainsi qu'un inspecteur des Finances ayant signalé au Ministre des Finances qu'un bureau de bienfaisance avait accepté par délibération régulière divers dons manuels sans provoquer l'autorisation prescrite par l'article 910, ni acquitter les droits de mutation, le Ministre des Finances saisit de la question son collègue de l'Intérieur. Ce dernier répondit que les diverses recettes indiquées ne constituaient pas des dons manuels, mais des aumônes, qu'il en était ainsi même d'offrandes s'élevant l'une à 1.500 francs, l'autre à 1.000 francs ; la première de ces libéralités avait été faite à l'occasion du décès du chef de famille et avait pour objet l'achat et la distribution d'aliments aux pauvres ; la seconde constituait une libéralité que la même personne avait l'habitude de faire annuellement. Dans ces circonstances, il convenait de considérer ces offrandes comme étant des aumônes et non des dons manuels et par suite de les considérer comme dispensées de l'autorisation (1).

On a décidé dans le même sens que la qualification de simple aumône peut être reconnue au versement d'une somme même relativement importante, notamment d'une somme de 1.000 francs, lorsque cette somme est offerte à un bureau de bienfaisance par une société qui crée un établissement industriel dans une commune ou par une personne ayant une grande fortune. D'ailleurs la circonstance que les fonds ne sont pas immédiatement distribués mais placés en rente sur l'Etat n'exclut pas nécessairement l'idée d'aumône (Solution de l'Enregistrement, 13 août 1892).

Enfin, on ne peut se le dissimuler, c'est tout à fait exceptionnellement que les établissements saisiront l'administration d'une demande d'autorisation à l'effet d'accepter un don manuel : « Les libéralités de ce genre, dit M. Marguerie, échappent presque toujours au contrôle du Gouvernement. Elles ne viennent à sa connaissance que si les investigations des agents

(1) Dépêche du Ministre de l'Intérieur, 8 octobre 1891. *Journal des Conseils de Fabriques*, 1893, p. 74.

du Ministre des Finances parviennent à les lui signaler, ou lorsque les établissements publics demandent à faire emploi des sommes qu'ils ont ainsi reçues, et alors le Gouvernement statue à la fois sur l'acquisition et sur l'emploi des fonds (1). »

(1) Blanche, *Dictionnaire*, V° *Dons et legs*, p. 291.

DEUXIÈME PARTIE

DE CERTAINS DONS MANUELS IRRÉGULIERS.

La principale partie de cette étude a été consacrée au don manuel normal, c'est-à-dire au don manuel fait par un donateur connu à une personne morale légalement existante. Mais le don manuel peut aussi se présenter sous une forme moins régulière ; il peut émaner d'un donateur anonyme ; il peut encore s'adresser à une association ou à un établissement non reconnus par la loi : deux hypothèses exceptionnelles qui méritent qu'on s'y arrête. Commençons par celle d'un don manuel anonyme.

SECTION I. — **Les dons manuels anonymes.**

Un établissement quelconque reçoit d'un auteur inconnu certaines sommes d'argent ou certaines valeurs mobilières, et comme ce don par sa nature et son importance tombe, nous le supposons, sous l'application de l'article 910, il se pourvoit en autorisation auprès de l'autorité compétente. Quel parti prendra l'administration ? Si l'on s'en tient à la pure théorie et à certains documents officiels sur la matière, il est certain qu'on devrait se prononcer pour la prohibition absolue du don manuel anonyme. En effet, l'examen de l'autorité chargée d'accorder l'autorisation doit, pour satisfaire vraiment aux exigences du législateur de l'article 910, porter sur deux points : dans quelle mesure la libéralité en question a-t-elle accru la fortune de l'établissement gratifié ; dans quelle mesure a-t-elle appauvri le patrimoine du donateur et dépouillé sa famille. Or il est clair que le second point ne pourra jamais être contrôlé, si le donateur ne s'est pas fait connaître. L'administration avait donc décidé que le don manuel anonyme serait prohibé et ne pourrait jamais être susceptible de l'autorisation prescrite par l'article 910. Voici en effet comment s'exprimait, dans un avis du 17 septembre 1830, le Conseil d'Etat (1) : « Si le donateur voulait rester inconnu, l'administration supérieure étant dans l'impossibilité de vérifier si la libéralité surpasse la portion disponible devrait refuser son autorisation. La publicité donnée par l'ordonnance à la donation et au nom du donateur est d'ailleurs le seul moyen qui permette aux intéressés d'attaquer la libéralité, s'il y a lieu. » Trente ans plus tard, une circulaire ministérielle était encore plus catégorique et disait en propres termes : « Si la forme du don manuel peut être

(1) Cité par Vuillefroy, *op. cit.*, p. 282, note b.

envisagée comme licite, c'est à la condition que le donateur sera désigné et connu. Tout don manuel anonyme ne peut être autorisé » (1).

Mais, comme il arrive souvent en ces sortes de difficultés, la pratique n'est ici guère conciliable avec la théorie. D'abord l'anonymat est susceptible de plus ou de moins. Ainsi le don manuel peut avoir été remis directement à l'établissement donataire par le donateur qui lui a simplement recommandé de tenir son nom secret. D'autres fois au contraire, le donateur aura voulu demeurer inconnu de tout le monde et l'établissement recevant l'objet du don manuel des mains d'un intermédiaire ignorera complètement d'où lui vient ce don. Or, dans la première de ces hypothèses, ce serait incontestablement aller trop loin que de déclarer la libéralité non valable en tant qu'anonyme. Les motifs que nous indiquions tout à l'heure, et dont se sont certainement inspirés le Conseil d'Etat et la circulaire ministérielle, n'existent plus. Rien de plus facile, en effet, pour l'administration que de se faire révéler officieusement le nom du donateur par l'établissement gratifié qui vient lui demander de statuer sur l'emploi des fonds donnés, et de pouvoir par ce moyen accorder ou refuser son autorisation en parfaite connaissance de cause. Elle fera par exemple procéder à une enquête sur la situation pécuniaire

(1) Circulaire ministérielle du 10 avril 1862. (Sirey. 63. 3. p. 116, col. 3).

du donateur, celle de sa famille et, si le résultat de cette enquête est favorable, elle accordera son autorisation par un décret ou par un arrêté (suivant les cas) qui permettra à l'établissement d'accepter très valablement tout en taisant le nom du donateur, pour se conformer à sa volonté (1).

Mais si le don manuel est véritablement anonyme, si l'établissement gratifié n'a aucun moyen d'arriver à connaître son bienfaiteur, ce qui est du reste le cas le plus fréquent, comment les choses se passeront-elles ? Ce sont par exemple des sommes importantes qui ont été trouvées dans un tronc sans aucune indication d'emploi, ou bien ce sont des titres adressés à une fabrique, à une commission administrative d'hospice, etc. sous un pli non signé ; ou bien encore ces titres ont été remis par un tiers, mandataire officieux, qui refuse de faire connaître le nom de son mandant. Il ne peut être ici question d'une autorisation régulière et expresse, puisqu'elle ne saurait être rendue en l'absence de tout renseignement sur la situation de fortune ou de famille du donateur. Que fait alors l'autorité administrative ? Ne voulant pas priver les établissements publics des avantages qu'ils pourraient retirer des libéralités anonymes, elle autorise le placement et l'emploi des sommes données, sur la demande de ces établissements, et cette autorisation, ou plutôt cette approbation de l'emploi proposé, cons-

(1) *Journal des Fabriques*, 3e série, t. I, p. 85.

titue à leur profit une autorisation implicite d'accepter (1). Cette autorisation implicite est en général accordée dans les termes suivants : « L'établissement *** est autorisé à placer en rentes sur l'Etat une somme de..... existant dans sa caisse (2). » De cette façon, les principes de l'article 910 ne sont pas violés et l'établissement est tout aussi capable que s'il eût été l'objet d'une véritable autorisation. On est même conduit par cette voie à ce résultat bizarre que non seulement les pouvoirs publics ne pourront pas annuler le don manuel par ce seul fait qu'il est anonyme, mais même qu'ils auront en quelque sorte la main forcée et ne pourront jamais refuser l'autorisation : ils autoriseront l'acceptation du don anonyme, qu'ils le veuillent ou non, du moment qu'ils en auront autorisé l'emploi.

Sans doute, cette sorte d'approbation après coup n'offre pas, tant s'en faut, toutes les garanties d'une véritable autorisation, puisqu'elle n'est précédée d'au-

(1) Avis de la section de l'Intérieur du Conseil d'Etat, 25 janvier 1882 ; avis de la section de l'Intérieur du Conseil d'Etat, 14 avril 1886 ; avis de la section de l'Intérieur du Conseil d'Etat, 1er février 1888.

(Note de jurisprudence du Conseil d'Etat, p. 165.)

Circulaire ministérielle du 28 juillet 1827 (*Mémorial des percepteurs* de 1827, p. 376).

(2) Note de la section de l'Intérieur du Conseil d'Etat, 29 octobre 1879.

Projet de décret et note du 19 juillet 1882 ; projet de décret et note du 30 janvier 1889 ; projet de décret et note du 13 mai 1891.

(Notes de jurisprudence du Conseil d'Etat, p. 166).

cun examen sérieux. Mais, tout bien calculé, c'est peut-être encore là la meilleure solution de la difficulté qui nous occupe. Supposons en effet pour un instant que la circulaire ministérielle du 10 avril 1882 eût été strictement appliquée, et voyons à quelles conséquences on aurait abouti : le don manuel anonyme annulé et l'autorisation refusée, que deviendraient les sommes données? Impossible de les restituer au donateur ou à ses héritiers, puisque personne ne les connaît. Il faudrait donc les attribuer à l'Etat. Mais ce serait souverainement injuste : l'Etat en effet n'a le droit de s'approprier que les biens vacants ou sans maître ; or, les biens qui font l'objet d'un don anonyme sont si peu des biens vacants que leur propriétaire, loin de les abandonner, leur a donné une destination qui exclut très certainement l'attribution à l'Etat.

De plus l'administration a fait à peu près ce raisonnement : la libéralité a beau être anonyme, il n'en est pas moins vrai que le donateur a bien eu l'intention d'aliéner, et l'établissement donataire celle d'acquérir. Pourquoi donc faire subir à celui-ci les conséquences de l'incognito de son bienfaiteur? Et elle a préféré, au risque de sacrifier le droit de contrôle qu'elle tient de la loi, confirmer dans tous les cas le don anonyme (1).

Quoi qu'il en soit, il faut reconnaître que l'adminis-

(1) *Journal des Fabriques*, 3e série, t. III, p. 142.

tration a toujours vu plutôt avec défaveur les libéralités anonymes. Si de nombreux dons anonymes ont été autrefois autorisés, si la circulaire du Ministre de l'Intérieur du 14 juillet 1846 (1) a seulement recommandé la prudence aux préfets au sujet de l'autorisation de ces libéralités, si même une décision du Ministère de l'Intérieur est intervenue en 1857 (2) pour valider un don manuel anonyme de 8.000 francs, sans exiger pour cela d'autorisation régulière, on peut citer aussi de nombreuses décisions en sens contraire : les avis du Conseil d'Etat (section de l'Intérieur) des 17 et 22 septembre 1830, du 25 juillet 1882. (*Revue des Établissements de Bienfaisance*, 1891, p. 167.)

Il nous reste à indiquer maintenant de quelle autorité devra émaner cette approbation d'emploi qui tiendra lieu à l'établissement gratifié d'autorisation régulière. On avait d'abord admis qu'elle pourrait dans presque tous les cas émaner du préfet : « Un arrêté préfectoral est toujours suffisant, disait le Ministre des Cultes dans une lettre du 15 mars 1869 au préfet de l'Ain (3), et un décret ne serait nécessaire qu'autant qu'il y aurait lieu d'autoriser simultanément l'acceptation du don anonyme et le placement en rentes sur l'Etat de la somme qui en provient. »

(1) *Bulletin officiel du Ministère de l'Intérieur*, 1846, p. 246.

(2) *Bulletin officiel du Ministère de l'Intérieur*, 1857, p. 167, n° 38.

(3) *Journal des Fabriques*, 3e série, t. 1, page 85.

Mais le 28 mai 1878, une dépêche du Ministre des Cultes, assimilant en cela les dons manuels anonymes aux donations ordinaires, décida « qu'au-dessus de 1.000 francs, il est indispensable qu'il intervienne un décret pour statuer sur le placement et autoriser ainsi implicitement le don anonyme (1). »

Avant de clore ce chapitre, et après avoir traité du don manuel fait par un donateur inconnu à une personne morale connue, disons quelques mots de l'hypothèse inverse, celle d'un *don manuel adressé par un donateur connu à un donataire inconnu*. Il faut à ce sujet examiner deux espèces bien différentes : 1° L'établissement destinataire du don manuel est inconnu du donateur lui-même. 2° Le destinataire, connu du donateur, est inconnu du public et des tiers intéressés.

I. *La personne morale destinataire est inconnue du donateur lui-même.* — Cette première hypothèse ne saurait se présenter, cela va de soi, lorsque le don manuel est intervenu directement entre le donateur et le gratifié : le donateur ne pouvant se dessaisir entre les mains d'une personne qu'il ne connaît pas, il n'y aurait pas de don manuel, faute de tradition matérielle. — Mais supposons au contraire que le disposant a chargé une personne de remettre en son nom certaines sommes ou certains objets mobiliers

(1) *Journal des Fabriques*, 3e série, t. X, p. 255.

à un destinataire inconnu de lui, et que d'ailleurs, conformément à la loi, cette personne s'est acquittée de son mandat avant le décès du mandant. Quelle sera la valeur d'une semblable disposition?

Il est clair que si le disposant avait dit simplement au tiers intermédiaire : « Je vous donne mandat de remettre cette somme à tel établissement charitable, à telle personne morale qu'il vous plaira », on se trouverait en présence d'une véritable libéralité à personne incertaine : le gratifié n'était en aucune façon déterminé ni présent à l'esprit du donateur au moment où il disposait. Par conséquent le don manuel n'a même pas pu se former.

Mais voici une autre espèce qui pourrait, semble-t-il, se présenter dans la pratique : sollicité par une tierce personne au profit d'un établissement ou d'une congrégation quelconque qu'elle ne veut pas nommer, je lui donne de la main à la main certaines sommes d'argent que je la charge de transmettre aux intéressés. Voilà bien un cas où le donataire est complètement inconnu du donateur ; mais ce donataire n'en est pas moins une personne très déterminée. Son existence ne fait aucun doute dans l'esprit du donateur qui possède certainement à son égard l'*animus donandi*. D'autre part la tradition, que nous supposons toujours faite par le mandataire du vivant du donateur, a dû conférer une possession efficace à la personne morale gratifiée : nous ne voyons donc pas quels motifs on aurait d'annuler un pareil don manuel; néanmoins, comme cette difficulté n'a encore été prévue, à notre connaissance, par aucun auteur, c'est sous toutes réserves que nous la résolvons en ce sens.

Est-il besoin de rappeler ici qu'on ne peut ranger au nombre des dons manuels à une personne inconnue du donateur, ni celui qui s'adresse aux pauvres en général, parce que le véritable gratifié est le bureau de bienfaisance, ni celui qui s'adresse à un particulier pour être employé en bonnes œuvres sans affectation déterminée, parce que ce particulier n'est autre qu'un donataire *sub modo*.

II. *La personne morale destinataire, connue du donateur, est inconnue du public et des tiers intéressés.* — Que ce don manuel ait été effectué directement du donateur au gratifié, ou qu'il l'ait été par l'entremise d'un mandataire, sa validité ne peut faire aucun doute. — Dans le premier cas, en effet, il y a tout simplement une libéralité au sujet de laquelle le secret a été convenu entre les parties, et ce n'est assurément pas l'ignorance de cette libéralité par le public ou par les tiers intéressés qui peut produire *l'incertitude*, telle qu'on l'entend en droit. Le donateur connaissait parfaitement la personne morale qu'il voulait gratifier; c'est entre ses mains qu'il a fait tradition. Le don manuel est donc à l'abri de toute attaque (1).

(1) Voir en ce sens : Caen, 25 mai 1875 (D. 80. 2. 49) ; Caen, 28 mai 1879 (D. 80. 2. 49).

Dans le second cas, le donateur connaissant le gratifié l'aura forcément désigné au mandataire dont il se sert pour lui faire remise des biens donnés. Le don manuel se trouve ainsi être moins clandestin que s'il avait été fait directement ; c'est une raison de plus pour le valider.

SECTION II. — **Dons manuels aux associations non reconnues.**

La jurisprudence n'a, il est vrai, offert jusqu'à ce jour aucun exemple de litige survenu à propos de dons manuels faits aux corporations et associations non reconnues. Mais comme en fait les dons manuels de cette nature sont d'un usage très fréquent, il est utile de prévoir les difficultés pratiques auxquelles ils pourraient donner lieu, en essayant de les résoudre par avance.

En revanche, les tribunaux et les Cours ont eu assez souvent à s'occuper des associations non reconnues au sujet des donations et des legs qui leur avaient été adressés, et, dans la plupart des cas, jurisprudence et doctrine se sont accordées pour frapper d'une nullité absolue de semblables dispositions. C'est un des principes les plus importants du droit, qu'aucune réunion d'individus, aucun établissement ne peut devenir en France une personne morale, un être juridique capable d'acquérir, d'aliéner, soit à titre gratuit, soit à titre onéreux, d'ester en justice, et en général de jouir de tous les droits privés, qu'en vertu d'un acte du gouvernement qui lui confère expressément cette qualité : c'est en cela que consiste à proprement parler la reconnaissance comme établissement d'utilité publique. De ce principe il résulte que, tant que l'acte de reconnaissance ne lui a pas donné l'existence légale nécessaire, un établissement ne peut accomplir valablement aucun acte de la vie civile. Il faut donc déclarer nul le legs fait à un établissement qui n'a pas encore reçu l'existence légale au jour du décès du testateur, et nulle la donation faite à une association non encore reconnue au jour où le contrat a été passé ; peu importe que cet établissement eût été, postérieurement à l'une de ces deux dates, déclaré d'utilité publique ; cette reconnaissance tardive ne saurait avoir d'effet rétroactif, ni préjudicier aux droits des tiers (1).

Telle était bien la pensée de M. Dupin, lorsqu'il disait en 1861 : « On ne lègue pas à une abstraction ; il faut toujours qu'une libéralité, quel qu'en soit l'objet, aille se fixer sur la tête d'une personne capable d'en profiter (2). » C'est par application de ce prin-

(1) Cassation, 14 août 1866 (S. 67.1.61).

(2) Cassation, 2 juin 1861 (D. 61. 1. 218). Il s'agissait dansc et arrêt d'une libéralité adressée par voie d'interposition de personne à une congrégation religieuse non autorisée. — Voir dans le même sens : Aubry et Rau, t. VII, p. 649, note 5 ; Demolombe, XVIII, n° 586.

cipe que le maire d'une commune est admis dans certains cas à accepter des libéralités dont les bénéficiaires directs n'ont pas d'existence légale, ou tout au moins n'en avaient pas en temps utile. Ainsi lorsqu'une libéralité à un établissement non reconnu a eu pour but le soulagement des pauvres en général ou de certaines catégories de pauvres, plutôt que de gratifier l'établissement lui-même, le maire est autorisé à la recueillir en vertu de l'ordonnance du 2 avril 1817, et l'on donne ainsi effet à une disposition qui autrement aurait dû être annulée, sans cependant violer les principes du droit public qui réserve à l'autorité supérieure la reconnaissance des personnes morales, ni l'article 911 du Code civil (1).

En parcourant les arrêts qui ont été rendus sur cette matière, on remarque que les libéralités faites aux associations non reconnues l'ont été sous deux formes bien distinctes : les unes leur ont été adressées directement et nommément ; les autres ont été faites à un particulier, personne réelle, parfaitement capable, mais gratifié apparent et qui servait seulement de prête-nom à l'établissement donataire. Mais, directes ou non, elles furent toujours déclarées nulles. — Auraient-elles le même sort si le donateur les avait effectuées par voie de don manuel ?

(1) Voir en ce sens : Avis du Conseil d'Etat du 7 décembre 1878, Caen, 29 février 1864 (D. 66. 1. 436) ; Cassation, 6 novembre 1866 (S. 69. 1. 120).

D'abord il est d'évidence que le don manuel ne se prêterait jamais qu'à la seconde des deux formes indiquées ci-dessus. Ne consiste-t-il pas essentiellement dans la remise matérielle d'un objet mobilier ; et par conséquent se conçoit-il sans une personne physique qui puisse le recevoir effectivement entre ses mains ? Il est donc matériellement impossible qu'un don manuel soit fait directement à une réunion de personnes, à une association, à un être collectif et de raison. Il ne peut être reçu que par un tiers capable d'appréhender les valeurs ou les meubles qui en sont l'objet, et qui, au lieu d'en profiter lui-même, aura mission de les transmettre à l'association, véritable bénéficiaire. Mais, cette réserve faite, il n'y a pas de raison pour valider le don manuel plutôt que le legs ou la donation faite à une association non reconnue. Les règles sur la capacité de recevoir sont les mêmes pour toutes espèces de libéralités : les motifs d'ordre public exposés tout à l'heure militent avec la même force en ce qui touche les dons manuels et la fraude à la loi ne saurait être tolérée davantage ici qu'ailleurs : bien plus, elle doit l'être d'autant moins qu'elle est plus aisée à commettre.

Tout don manuel fait à une association non reconnue par personne interposée doit donc être annulé (1). La Cour de cassation l'a ainsi décidé dans son

(1) Voir Dalloz, Répert., V° *Dispositions entre vifs*, n°s 324 et 416.

arrêt du 3 juin 1861 (précité) rendu au sujet d'un legs, mais que l'analogie permet d'étendre au don manuel : « Attendu, disait cet arrêt, que l'on doit considérer comme faites en fraude d'une loi d'ordre public les dispositions testamentaires qui ont pour objet de transmettre, par l'intermédiaire d'une personne interposée, les biens légués à des établissements incapables de recevoir. » — Comme toute fraude à la loi, l'interposition de personne ne peut se présumer dans l'espèce, et c'est toujours à celui qui l'allègue pour faire tomber la disposition faite en faveur d'une association non reconnue, qu'il incombe d'en fournir la preuve ; au reste cette preuve est singulièrement facilitée au demandeur, car tous les moyens lui sont bons pour l'établir : écrits, témoins, commencement de preuve par écrit, déclarations des parties en cause, et même simples présomptions. Enfin les juges ont toute latitude pour apprécier les circonstances qui ont accompagné le don, les antécédents, les relations de famille et d'amitié, etc., etc., et en général tout ce qui pourrait contribuer à les éclairer. C'est ce qu'exprime en ces termes l'arrêt précité de la Cour suprême : « Attendu que l'existence d'une pareille fraude peut être établie par tous les modes de preuve, même par de simples présomptions, dont la nécessité et la portée sont appréciées souverainement par les juges du fait. » Mais si les tribunaux ont une pareille latitude, ils doivent cependant se garder de toute prévention *a priori*, et nous aurons bientôt à tirer une conséquence de cette règle à propos des dons adressés aux membres d'une association non reconnue.

Pour être complète et faire foi en justice, la preuve de l'interposition de personnes devra porter sur quatre points, savoir : 1° le concours de trois personnes dans l'exécution de la libéralité, le donateur, le donataire apparent et le donataire réel ; 2° l'incapacité légale de ce donataire réel ; 3° l'intention chez le donateur de ne pas gratifier le donataire apparent et de gratifier le donataire réel ; 4° enfin, l'obligation morale pour le donataire apparent de faire remise du don au donataire réel.

De ces quatre chefs de preuve, le second est assurément le plus important ; en effet, le don manuel ne pourra jamais être annulé en tant que fait par personne interposée, si le disposant l'a destiné à d'autres qu'à l'association non reconnue, si par exemple le disposant a voulu gratifier, non la communauté ou l'association elle-même, mais les membres qui la composent, ou seulement quelques-uns de ces membres. Or, comme le dit fort bien un des auteurs les plus compétents sur ce sujet (1), « ce dernier cas est plus fréquent qu'on ne pense ; une personne généreuse

(1) Ravelet, *Traité des congrégations religieuses*, n°s 264 à 266. Dans le même sens : A. Dain, *Étude sur la condition des associations non reconnues*, p. 156 et suiv.

remet à l'un des membres d'une communauté incapable des fruits, des provisions, de l'argent. Ce sont là des donations manuelles fréquentes dans les villes où existent des ordres mendiants. Il est bien établi que le membre qui reçoit n'est qu'une personne interposée. On le lui dit : C'est pour la communauté. Est-ce pour la communauté même ou pour les religieux ou religieuses qui la composent ? C'est pour ces derniers évidemment. Dans le cas précis que nous avons rappelé, les donateurs n'ont pas voulu enrichir la personne morale qui s'appelle *l'ordre*, ni constituer un bien de mainmorte. Ils ont seulement pourvu aux besoins quotidiens des religieux ou des religieuses : souvent même un motif personnel d'affection pour tel ou tel religieux qu'ils connaissent aura déterminé leur générosité. C'est donc bien à la personne des religieuses que la libéralité s'adresse, et quoiqu'il y ait interposition, elle est valable. »

La question de la validité des dons manuels s'est souvent posée dans la pratique au sujet des congrégations religieuses non reconnues. On s'est demandé en particulier si le don manuel fait à un membre d'une congrégation religieuse non reconnue peut être annulé comme s'adressant par personne interposée à un donataire qui n'a aucune existence légale.

Premier système. — La jurisprudence s'est en général prononcée pour l'affirmative. Les congrégations non reconnues, d'après elle, ne sont pas des personnes morales distinctes de celles de leurs membres : elles n'ont par elle-même aucune existence, aucune capacité juridique, elles ne peuvent ni acquérir, ni posséder, ni ester en justice, en tant qu'association, soit directement, soit par personne interposée. D'autre part, chaque membre de la congrégation pris individuellement est sans doute capable d'acquérir ; c'est une personne physique, jouissant de tous ses droits civils. Mais, dès l'instant que cet individu n'agit pas pour son compte personnel en recevant la libéralité et n'est qu'un prête-nom destiné à faire passer les biens donnés de ses mains en celles de la congrégation dont il fait partie, cette libéralité est nulle, comme ayant été faite en réalité, suivant l'expression de M. Laurent, à un « non-être ». Dès lors, toute la difficulté consiste à savoir si c'est en leur propre nom qu'ont participé au contrat à titre gratuit les membres de l'association, ou si au contraire ils n'y ont figuré que comme représentants d'une personne n'ayant pas d'existence légale, et c'est là une question de fait, dépendant exclusivement des circonstances de chaque cause, et laissée à l'appréciation souveraine des tribunaux.

Dès 1841, la Cour de Caen faisait application de cette règle en donnant gain de cause à des héritiers qui réclamaient une somme de 16.240 francs comme ayant été donnée par leur parent, membre d'une société religieuse, à cette société incapable par elle-même d'acquérir à titre gratuit : « Considérant, disait cet arrêt, qu'à la vérité les membres d'une congrégation religieuse non autorisée ne cessent pas pour cela de jouir, pris isolément, du bénéfice du droit commun, et qu'un acte fait dans l'intérêt individuel de tel ou tel d'entre eux serait tout aussi valable pour eux qu'il le serait pour toute autre personne ; mais que s'il est constaté que d'une part l'association cache, comme on vient de le dire, une congrégation religieuse à qui la vie civile est refusée, et que d'autre part l'acte, fût-il souscrit en apparence au profit d'une personne privée, n'a eu lieu en réalité que dans l'intérêt de l'être collectif de cette congrégation, il ne saurait être sanctionné par la justice (1) ».

Un arrêt de la Cour de Paris du 21 février 1879 (2) a été rendu en faveur de six prêtres de la congrégation du Saint-Sacrement, acquéreurs d'un immeuble, et leur a reconnu qualité pour exercer les actions afférentes au droit de propriété en faisant à leurs frais sur cet immeuble l'exhaussement d'un mur mitoyen. Ne s'inspirait-il pas lui aussi, cet arrêt, des mêmes principes, lorsqu'il décidait que « le contrat de vente passé avec les six acquéreurs, en leur propre et privé nom, avait eu pour effet immédiat de leur transférer la propriété de la chose qui en avait fait l'objet, avec tous les droits et actions propres à la

(1) Requêtes, 26 février 1849 (D. 49.1.44).
(2) Paris, 21 février 1879 (D. 79.2.233).

garantir et à la faire valoir ». C'était en effet dire implicitement, mais très clairement que si, au lieu d'agir chacun pour leur compte personnel, ces acquéreurs avaient été les prête-noms d'une personne sans existence légale, le contrat de vente n'aurait pu leur conférer aucun droit (1).

DEUXIÈME SYSTÈME. — La jurisprudence a été amenée à donner en cette matière une solution inexacte parce qu'elle s'est placée à côté de la question. Il ne s'agit nullement de savoir si les associations non reconnues ont une personnalité civile distincte de celle de leurs membres, puisqu'une loi seule peut, d'après le Droit français, leur donner cette personnalité et qu'on n'en suppose pas dans l'espèce. Elles ne peuvent donc, cela va sans dire, acquérir ni à titre onéreux, ni à titre gratuit, directement ou indirectement, en tant qu'associations. Mais les membres de l'association, pris individuellement, sont-ils incapables de recevoir et doivent-ils être traités comme personnes interposées, dès qu'ils n'agissent pas pour leur propre compte? Voilà le seul point qu'il faut élucider.

La capacité est la règle ; l'incapacité est l'exception. On ne peut donc supposer d'incapacité en dehors de celles que la loi a reconnues et établies. Or le texte qui frappe d'incapacité les membres des congrégations religieuses non reconnues n'existe nulle part :

(1) Voir dans le même sens : Paris, 20 mai 1851 (D. 52.2.288) ; Paris, 27 juin 1850 (D. 50.2.170) ; Toulouse, 15 décembre 1865 (D. 65.2.214).

ils jouissent donc de tous leurs droits civils, peuvent acquérir à quelque titre que ce soit, ester en justice, etc... Mais, s'ils sont pleinement capables lorsqu'on les considère dans leur individualité propre, cesseront-ils de l'être comme faisant partie de l'association? Ici encore, toute disposition législative fait défaut, et il est impossible d'y suppléer. Il faut donc valider les actes de ces associés. C'est ce que décide M. Batbie lorsqu'il dit : « Si les membres de la communauté ont fait un acte, on appliquera le titre des Sociétés du Code Napoléon. Toutes les dispositions sur l'établissement, l'administration et la dissolution de la société seront applicables (1). » L'arrêt de 1879 lui-même, qu'on invoque cependant à l'appui du système opposé, admet implicitement la validité de ces sociétés, puisqu'il relate dans ses considérants l'acte passé entre les religieux qui demandaient à plaider et ne le considère pas comme nul. Ainsi les membres des congrégations pris isolément jouissent de tous leurs droits civils, et l'on ne peut assurément pas les regarder *a priori* comme des personnes interposées, destinées à recevoir pour un être fictif. Les articles 911 et 1100, alinéa 2, du Code civil n'ont pas mis au nombre des personnes présumées interposées les membres des associations ; on aurait tort en conséquence, tant que l'interposition n'est pas établie, de l'induire uniquement de la condition du donataire : pour faire

(1) Batbie, *Droit administratif*, t. V, p. 290.

partie d'une association, celui-ci n'en est pas moins citoyen français, en possession de tous ses droits civils. La circonstance qu'il est membre ou même chef de l'association pourra bien former un indice, mais elle ne saurait à elle seule déterminer l'appréciation des juges. Bien plus ! aurait-on même la preuve manifeste qu'en acquérant et en possédant, les membres n'acquéraient et ne possédaient pas uniquement pour eux, il ne faudrait pas pour cela voir en eux des personnes interposées. On devrait encore se demander au nom de qui ils ont agi. Or, ce n'est pas au nom d'un être moral ou imaginaire, la congrégation, mais au nom de la société qu'ils ont formée entre eux tous, personnes capables, ne pouvant par ce seul fait perdre leur capacité. Le véritable gratifié qui se cache derrière le religieux désigné dans l'acte, ce n'est pas la corporation qui n'existe pas, mais une société dont il est membre et pour laquelle il peut contracter valablement. Donc, que la libéralité s'adresse à telle ou telle personne déterminée ou bien qu'elle s'adresse indirectement à tous les membres de la société par l'intermédiaire de l'un d'entre eux, elle est également valable, parce que, dans un cas comme dans l'autre, elle s'adresse à un donataire capable de recevoir.

La principale objection qui ait été faite à ce système est celle-ci : Il aboutit, dit-on, à un résultat inique en faisant aux congrégations non autorisées une situation meilleure qu'à celles qui ont obtenu la reconnaissance de la loi, puisqu'il accorde à celles-là une liberté bien plus grande d'acquérir et par conséquent un moyen plus sûr de devenir puissantes, tout en échappant à la surveillance de l'Etat.

Si les congrégations non autorisées trouvent, ce que nous ne nions pas d'ailleurs, un avantage sérieux dans le système qui valide les dispositions faites en leur faveur par l'intermédiaire d'un de leurs membres, cet avantage n'est qu'une faible compensation à tous les inconvénients qui résultent pour elles de l'application des règles du Code civil sur les sociétés, et en particulier de cette règle très gênante en vertu de laquelle la société est dissoute par le décès de l'un de ses membres. Ces congrégations ne jouissent d'aucun des bénéfices accordés par la loi aux associations reconnues, et, à toutes les entraves qui les embarrassent déjà, il semble qu'il serait excessif de vouloir ajouter encore celles que l'Etat, dans l'intérêt général, a cru devoir apporter au développement des congrégations érigées en personnes civiles. Enfin, et précisément parce que les congrégations non autorisées n'ont pas d'existence civile, il n'y a point à craindre entre leurs mains l'accumulation des biens de mainmorte, cette accumulation qui fait la principale force des personnes morales et qui peut, lorsqu'elle atteint un certain degré, devenir un obstacle sérieux à la circulation des biens.

A part cette exception en faveur des congrégations religieuses et de leurs membres, toute la théorie qui précède donnerait à penser que l'intermédiaire choisi par le donateur pour remettre à un établissement non reconnu des sommes ou des valeurs transmissibles *de manu ad manum*, ne peut jamais être regardé que comme une personne interposée. Cependant certains auteurs ont essayé de lui trouver une autre qualité, de lui faire jouer un autre rôle juridique. Ils en ont fait un véritable donataire, mais un donataire *sub modo*, un donataire grevé d'une charge. Ainsi ce tiers aura recueilli pour son propre compte les biens qui sont l'objet du don manuel, mais en même temps il aura reçu la mission d'employer une certaine quantité de ces biens à réaliser les intentions libérales du disposant. Mais on semble oublier que pour pouvoir ainsi qualifier de donataire le tiers choisi par le disposant, il faut avant tout que celui-ci se soit proposé de le gratifier personnellement ; cette condition est indispensable, et, à de très rares exceptions près, elle fera toujours défaut dans l'hypothèse présente (1). Pour l'établir, le demandeur pourra recourir à tous les moyens de preuve, même à de simples présomp-

(1) On a cependant été jusqu'à dire, au cas où l'intermédiaire choisi par le disposant est un légataire, que ce légataire doit être regardé comme sérieux, dès lors qu'il a vocation au tout et qu'il importe peu pour la validité de la disposition que l'exécution des charges absorbe en fait le montant des sommes léguées (Cassation, 5 juillet 1886, D. 86.1.465).

tions, comme toutes les fois qu'il s'agit de découvrir une fraude à la loi. Ce sera là avant tout une question de fait : en effet, d'après une jurisprudence constante de la Cour de cassation, le point de savoir si une libéralité contient ou non un fidéicommis est laissé entièrement à l'appréciation des tribunaux (1).

Mais le donataire serait-il sérieux, que le don manuel n'en serait pas moins nul pour tout ce dont il ne doit pas bénéficier personnellement, par ce seul fait que l'établissement gratifié n'a pas encore reçu des autorités compétentes et la personnalité civile et l'autorisation prescrite par l'article 910, au jour du décès ou du changement de volonté du donateur.

Donc, s'il est impossible de valider en tant que don manuel la remise faite par un tiers interposé à l'établissement gratifié, il est tout aussi impossible de la valider en tant que charge d'une libéralité adressée directement à ce tiers. Et qu'on n'oppose pas, en faveur de l'affirmative, le principe de la liberté des conventions : sans doute le disposant qui était libre de ne pas donner du tout peut ne donner qu'en partie, restreindre l'étendue de sa donation et assigner au donataire toutes les réserves qu'il lui convient ; mais jamais on ne lui permettra de déguiser sous l'apparence d'une charge imposée au donataire la libéralité qu'il destine à un autre, dans le but d'éluder les dis-

(1) Cour de Caen, 7 avril 1874 (D. 75.1.166) ; 15 décembre 1875 (D. 76.1.325).

positions de la loi ; jamais on n'admettra qu'en remettant les sommes données à un donataire capable et apparent, le donateur puisse les faire parvenir valablement, en tout ou en partie, au donataire réel incapable de recevoir à titre gratuit, comme l'est toute association non reconnue. En un mot, l'acceptation de ce prétendu donataire *sub modo* aura pour seul effet de lui donner droit à la part qu'il peut valablement recueillir pour son propre compte, et d'en dessaisir le donateur ; mais pour tout le reste, elle ne liera en aucune façon la volonté du donateur et son offre sera considérée comme non avenue.

Certains auteurs ont prétendu encore que cette charge de remettre à l'établissement incapable pouvait être considérée comme valable en tant qu'application spéciale de l'article 1121 du Code civil. Cet article autorise la stipulation au profit d'un tiers « lorsque telle est la condition d'une donation que l'on fait à un autre ». N'est-ce pas là précisément, dit-on, l'espèce qui a été prévue ? Mais si cette convention au profit d'un tiers est dispensée des formes solennelles de la donation entre vifs, elle n'en demeure pas moins soumise comme le don manuel à toutes les règles de fond ; et, comme lui, elle doit être annulée lorsqu'elle s'adresse à une personne incapable de recevoir.

Enfin, les fraudes en cette matière sont trop faciles à commettre et trop difficiles à découvrir pour qu'on ne maintienne pas dans toute sa rigueur l'application des principes qui permettent de les déjouer et d'empêcher qu'elles ne profitent à leur auteur au détriment des familles.

Or, admettre l'affirmative, en admettant cette distinction entre le don et la charge, ce serait pour ainsi dire consacrer la violation de l'article 910 et rendre inutiles des prescriptions que l'ordre public a dictées au législateur. Rien de plus simple en effet pour le donateur que d'en écarter l'application ! Pour cela, il lui suffira de déclarer, lors de la remise, qu'il adresse le don manuel à celui-là même auquel il fait remise, sauf ensuite à convenir avec lui qu'il en transmettra le montant aux véritables gratifiés. Admettre un établissement qui n'a aucune existence civile à recueillir le bénéfice d'une charge dont le donateur a grevé le donataire capable, n'est-ce pas violer ouvertement l'article 911 d'après lequel, pas plus indirectement que directement, on ne peut disposer au profit d'un incapable ? Recevoir à titre de charge, c'est toujours recevoir, et les inconvénients qu'a voulu prévenir la loi, en interdisant à l'établissement non reconnu de recevoir à titre gratuit, ne seront certainement pas moindres parce que cet établissement n'aura été qu'indirectement gratifié.

Ce raisonnement perdrait, il est vrai, une partie de sa force si l'on soutenait, comme certains l'ont fait, que l'établissement bénéficiaire n'a aucun droit à l'exécution de la charge, aucune action pour en exiger la délivrance, et qu'il n'y a donc pas une véritable libéralité à son profit ; mais le système de la jurisprudence que nous combattons n'a d'ailleurs jamais fait cette réserve : l'arrêt de la Cour suprême du 21 juin 1870 dit en propres termes « qu'aucune loi ne s'oppose à ce que la société, une fois autorisée, puisse réclamer l'exécution d'une charge imposée à son profit à un légataire capable ».

En résumé, et pour tirer la conséquence pratique de tout ce qui précède, un don manuel adressé par intermédiaire à une association non autorisée ne pourra avoir effet que si, avant la mort du donateur et avant qu'il ait changé de volonté, le donataire capable a reçu à la fois la personnalité civile qui lui donne droit d'acquérir à titre gratuit, et l'autorisation administrative qui lui permet de recueillir les dons qui lui sont adressés. Tant que ces deux conditions ne sont pas remplies, le donateur n'est lié en aucune façon par son offre ; il peut par conséquent toujours revenir sur ses intentions premières et répéter toutes les valeurs données, n'en ayant jamais été dessaisi au point de vue légal. Ses héritiers auraient assurément le même droit, s'il venait à mourir avant que les conditions ne fussent accomplies, car il serait souverainement injuste de faire bénéficier le tiers intermédiaire d'une libéralité qu'il était seulement chargé de réaliser.

Comme nous le disions en commençant, cette difficulté n'a jamais été soulevée jusqu'ici devant les tribunaux au sujet des dons manuels ; elle s'est présentée au contraire très fréquemment au sujet de legs, et la jurisprudence, il faut le reconnaître, consacrant la distinction que nous venons de repousser, incline à valider toutes les dispositions de ce genre, adressées sous forme de charge à un établissement qui, lors du décès du testateur, n'a encore qu'une simple existence de fait ; il y a donc tout lieu de croire qu'elle adopterait une solution identique en matière de dons manuels, puisque l'incapacité de l'établissement non reconnu est toujours la même qu'il s'agisse de libéralités entre vifs ou de libéralités testamentaires (1).

Nous avons supposé jusqu'ici que le don manuel était fait indirectement à un établissement privé de l'existence civile, dans le seul but de le faire échapper aux conséquences de son incapacité ; mais le donateur pourrait aussi, en remettant à un tiers des sommes ou des valeurs transmissibles de la main à la main, se proposer la dotation ou la fondation d'un établissement d'utilité publique qui, en fait comme en droit, n'a encore aucune existence, mais qui pourra l'acqué-

(1) Cassation, Requêtes, 21 juin 1870 (D. 71. 1. 97) ; Cassation, Requêtes, 8 avril 1874 (D. 76. 1. 225). Demolombe, *Donations*, t. I, n° 482. — *Contrà* : Bayle-Mouillard sur Grenier, t. I, n° 99, note B ; — Laurent, t. XI, n° 194 ; — Berthauld, note sur l'arrêt de Caen du 12 novembre 1869 (D. 69. 2. 225).

rir par la suite (1). Comment peut-on qualifier une pareille disposition? est-elle valable, et quels en sont les effets?

Il faut, avant tout, écarter une hypothèse qui ne saurait faire la moindre difficulté : le disposant a choisi comme intermédiaire une personne morale qui, soit à cause de l'intérêt qu'elle aura à la création de l'établissement gratifié, soit à cause des rapports de dépendance dans lesquels cet établissement doit se trouver à son égard, peut être regardée comme son représentant légal et par conséquent comme le véritable sujet de la libéralité. Par exemple, le disposant a remis à une commune les sommes qu'elle destine à la fondation d'un hospice ou d'une école dans cette commune. On est alors en présence d'un don manuel très régulier, et pour le mettre à l'abri de toute critique, il suffira d'obtenir l'autorisation de l'article 910.

Mais au contraire l'intermédiaire choisi par le disposant est un tiers quelconque ou une personne morale tout à fait étrangère à l'intérêt qu'il a eu en vue,

(1) C'est même là, nous l'avons vu plus haut, un des trois procédés qui s'offrent au bienfaiteur, lorsqu'il veut assurer la perpétuité de son œuvre. Mais celui qui veut affecter ses biens à une œuvre de bienfaisance, quelle qu'elle soit, sans la faire entrer dans le patrimoine d'un établissement déjà constitué, ne peut pas par sa seule volonté donner à son œuvre la personnalité civile : l'Etat seul a ce droit; c'est là un principe depuis longtemps incontesté dans notre législation et qui la distingue de plusieurs législations étrangères, en particulier de celle de l'Allemagne.

et cet intermédiaire, sans rien recueillir pour son propre compte de la libéralité, a seulement reçu mission de fonder l'établissement auquel elle s'adresse. La validité du don manuel devra-t-elle être admise même dans ce cas? La négative paraît certaine ; de deux choses l'une, en effet : ou bien l'on voit le donataire dans l'établissement à fonder, et l'offre du donateur demeurera pleinement révocable jusqu'au jour où elle aura été acceptée par cet établissement, préalablement devenu capable de recueillir les sommes données ; ou bien l'on voit le donataire dans le tiers intermédiaire auquel remise a été faite, on en fait un gratifié *sub modo* et la personne morale à créer bénéficie simplement de la charge qu'il a acceptée avec la libéralité elle-même : sans doute, pour faire tomber la disposition, on ne saurait user ici des mêmes arguments tirés de l'intérêt général et de l'ordre public que nous invoquions tout à l'heure au sujet des associations non reconnues ; bien loin, en effet, de vouloir par une voie détournée gratifier un donataire au mépris des lois qui le déclarent incapable de recevoir, le donateur poursuit ici un but très licite ; en fondant un établissement quelconque, et en se proposant de le faire ensuite reconnaître par l'Etat, il cherche avant tout la satisfaction de l'intérêt général auquel répond cet établissement.

Mais, dans cette hypothèse comme dans la précédente, il y a une raison qui prime toutes les autres :

c'est qu'on ne peut donner qu'à une personne existante ; donner à un établissement d'utilité publique qui n'est pas encore fondé, c'est donner à un enfant à naître, c'est désigner un donataire tout aussi incapable que le serait un établissement sans existence légale. Le disposant conserve donc tous les droits dont il entendait disposer, faute d'une personne sur la tête de laquelle ils puissent valablement se fixer ; ou, s'il est mort entre temps, ces mêmes droits reviennent à ses héritiers. Toutefois, si en interprétant largement les intentions du disposant, il est permis de croire qu'il n'a pas voulu faire de la création d'un être juridique nouveau la condition *sine qua non* de sa libéralité, on pourra l'exécuter par équivalent en attribuant les biens à une personne morale existante, aux services de laquelle se rattache plus ou moins étroitement la fondation projetée. Mais hâtons-nous d'ajouter que cela se produira très rarement.

Pour les mêmes motifs, une donation faite sous la condition que l'établissement qui existe déjà en fait, obtiendra postérieurement l'autorisation gouvernementale n'en serait pas moins nulle une fois cette autorisation obtenue, parce qu'une capacité tardive ne peut empêcher que l'incapacité ait existé au moment précis où le donataire devait recueillir la libéralité (1).

(1) Du reste, l'acte du Gouvernement qui intervient en pareil cas réserve toujours expressément ou implicitement les droits des tiers, et par conséquent ne porte aucune atteinte à ceux des

Cette conséquence a paru trop rigoureuse à certains auteurs, et, pour l'éviter, ils ont essayé d'assimiler l'existence de fait qui a précédé pour l'établissement gratifié l'existence de droit, à la période de la conception chez l'enfant (1) : de même, ont-ils dit, qu'il suffit à l'enfant d'être conçu pour recevoir une libéralité, de même il doit suffire à l'établissement d'exister de fait au jour de la donation, pour que cette donation soit valable. Cette assimilation est inexacte (2) ; aux yeux de la loi, en effet, l'existence de fait d'un établissement n'a aucune valeur. L'existence de droit n'est-elle pas déjà elle-même une fiction, c'est-à-dire quelque chose de tout à fait spécial? Comment donc l'étendre à une hypothèse que le législateur n'a cer-

héritiers qui sont incommutables (Dufour, *Droit administratif*, t. V, p. 391 et suiv.).

(1) Jacquier, *Des communautés religieuses*, p. 25 et suiv.

(2) Sous l'ancien droit, et antérieurement à l'Edit de 1749, on avait cependant admis la possibilité de doter conditionnellement un établissement futur. Cette disposition était valable sous la condition suspensive que l'établissement recevrait postérieurement l'autorisation et la personnalité civile. Voici en effet ce que dit Furgole à ce sujet : « Quoique les institutions et autres libéralités faites en faveur des collèges et confréries illicites et non autorisées soient nulles, toutefois celles qui sont faites en faveur d'un collège, confrérie, ou quelque autre corps non encore établi pour servir à sa fondation ou création, ne sont pas nulles, parce qu'elles renferment cette condition tacite : si elles sont fondées et autorisées. L'effet de la libéralité étant conféré en un temps où le collège sera capable, il n'y a point de doute qu'elle ne soit bonne et c'est ce qui fait la différence entre la disposition pure, étant nulle en son principe, et celle qui est conditionnelle et dont l'effet est suspendu jusqu'à l'événement de la condition » (Furgole, Chapitre VI, Section I, n° 37).

tainement pas prévue ? Si l'enfant conçu peut recueillir une libéralité, c'est uniquement sous la condition sous-entendue qu'il naîtra un jour viable, et parce que cette condition devant toujours s'accomplir dans un délai assez court, elle ne laissera pas longtemps incertain le sort des biens donnés. Pour l'établissement non autorisé, il en serait tout autrement : cette prétendue vie anticipée, qui résulterait pour lui de l'existence de fait, lui conférant les mêmes avantages, au point de vue de la capacité de recevoir, que l'existence civile, il pourrait la prolonger indéfiniment. Il aurait même intérêt à ne pas se faire reconnaître afin d'échapper à la nécessité de l'autorisation administrative, puisque l'article 910 ne prescrit cette formalité qu'aux établissements légalement autorisés, et s'il est une catégorie de libéralités pour laquelle cette fraude serait aisée à commettre, c'est bien celle des dons manuels ; c'est aussi une raison de plus pour nous faire écarter le moyen terme proposé plus haut.

CONCLUSION

APERÇU D'UNE RÉFORME LÉGISLATIVE.

De tous les dons manuels usités de nos jours, celui qui s'adresse aux personnes morales est certainement le plus fréquent et celui qui fait naître le plus grand nombre de procès. Trop souvent, on ne peut le nier, il laisse le champ libre à la fraude et engendre de nombreux abus que les tribunaux sont impuissants à réprimer. Malgré tout, lorsqu'une institution est à ce point passée dans les mœurs, on ne peut songer à l'interdire complètement par une disposition légale. L'expérience a d'ailleurs été faite par une législation étrangère, celle de Belgique, et elle n'est rien moins que concluante. L'administration centrale belge a décidé d'annuler, sans distinction aucune, tous les dons manuels adressés aux personnes civiles. En effet une circulaire du ministre de la Justice du 10 avril 1849 exige l'autorisation pour les dons faits aux établissements publics et elle veut qu'à l'appui de la demande, on produise un *acte en due forme*; c'est dire implicitement, mais très catégoriquement, que le don manuel est exclu. Mais en fait, a-t-on, par cette mesure, empêché toute libéralité manuelle de se produire au profit des personnes morales ? En aucune façon. La meilleure preuve en est dans la circulaire elle-même qui admet de suite une exception à sa règle pour tous les présents modiques, aumônes et oblations, sommes provenant de quêtes ou de troncs, etc., etc. — Pouvait-il en être autrement, de pareils dons étant, par nature, incompatibles avec toute rédaction d'acte, à plus forte raison, d'acte authentique ? Mais on se demande où s'arrêtera cette exception, étant donné que l'administration belge ne détermine pas si la modicité du don sera absolue ou relative, ni quelle autorité sera chargée d'apprécier cette modicité et de garantir les droits des familles. Personne ne pourra jamais empêcher un inconnu de déposer dans un tronc des sommes considérables, peut-être le plus clair de son patrimoine. Par conséquent, on peut essayer de restreindre dans la mesure du possible les abus qui naissent du don manuel aux personnes morales : quant à le supprimer complètement, il n'y faut pas songer.

Cette vérité admise, le premier soin qui s'impose au législateur de l'avenir, c'est d'étendre expressément le principe de l'article 910 aux dons manuels, même aux dons manuels purs et simples et exempts de charges. Les dangers qu'a eu pour but de prévenir l'article 910 existent tout aussi bien pour les dons manuels que pour les donations authentiques, et l'intérêt général, comme celui des familles, doivent être d'autant mieux protégés qu'il est plus aisé d'y porter atteinte.

Toutefois ce principe ne saurait être admis sans restriction aucune ; et l'exception qui s'impose en faveur des présents d'usage, des dons modiques, des oblations et des aumônes devrait, elle aussi, être consacrée par un texte formel. Mais comment apprécier la modicité des dons manuels ? Peut-on poser une règle générale et dire qu'ils seront toujours dispensés d'autorisation quand ils ne dépasseront pas telle somme invariablement déterminée? Ainsi l'ont décidé certaines législations étrangères. En Allemagne, une loi du 23 février 1870 (art. 2) (1) a soumis à l'autorisation tous les dons et legs faits aux corporations et d'une valeur supérieure à 1.000 thalers. En Autriche (2), un projet de loi de 1876 qui n'a d'ailleurs pas encore, croyons-nous, reçu la sanction impériale, proposait que toute libéralité mobilière aux communautés religieuses serait autorisée par le ministre des cultes lorsqu'elle excéderait la somme de 3.000 florins. Ces exemples ne sont pas à suivre, et adopter un taux fixe en matière de dons manuels ne paraît pas chose possible. Pour éviter de tomber dans l'arbitraire, on arriverait à consacrer de véritables injustices. Rien n'est plus relatif que la modicité d'un don manuel, surtout du côté du donateur, et les juges

(1) *Annuaire de législation étrangère*, t. I, p. 269.
(2) *Annuaire de législation étrangère*, 1877.

du fait sont mieux que tout autre à même d'apprécier cette modicité, en se renseignant à la fois sur la fortune du disposant et sur les besoins du gratifié.

De plus, et à mesure que le besoin s'en fera sentir, d'autres lois spéciales pourront élargir le cadre de cette exception en autorisant de nouvelles offrandes, de nouvelles quêtes, etc... Mais jusque-là, chaque fois qu'une contestation s'élèvera sur le véritable caractère d'une oblation ou d'une aumône, et par conséquent sur la nécessité de l'autorisation, les tribunaux judiciaires auront plein pouvoir pour la régler suivant les circonstances de chaque espèce (1).

Pour ce qui est de l'époque à laquelle l'autorisation administrative doit être réclamée et obtenue, nous inclinerions à admettre les solutions de la jurisprudence actuelle : la remise matérielle des choses données aux personnes morales peut certainement être faite valablement avant toute autorisation, avant même qu'elle ne soit demandée : exiger le contraire, ce serait rendre le don manuel impraticable, la plupart du temps. Mais de plus, la réception effective

(1) Au contraire, et quoique certains auteurs l'aient proposé, nous trouverions tout à fait excessive la loi qui exigerait que la formalité de l'autorisation soit remplie en bloc à la fin de chaque année ou de chaque exercice financier, pour tous les dons minimes ou offrandes qui ont été recueillis par l'établissement au cours de cet exercice ou de cette année.

par le donataire devrait valoir comme acceptation provisoire et suffirait à lier le donateur et ses héritiers, du moins à les lier conditionnellement : car, pourvu que l'autorisation administrative soit accordée ultérieurement, peu importe l'époque à laquelle elle interviendrait. Elle pourrait même intervenir après la mort, le changement de volonté ou de capacité du donateur, et rétroagirait alors quant à ses effets au jour de la tradition. L'intérêt public n'en serait pas moins, dit-on, sauvegardé. Puisque, pour parfaire le don manuel et lui donner une sanction définitive, l'établissement donataire doit absolument se munir d'une autorisation, la libéralité sera tôt ou tard soumise à l'examen du Gouvernement.

Mais n'y a-t-il pas lieu de craindre que l'établissement ne retarde indéfiniment l'accomplissement de cette formalité et qu'il la remette à une époque où le contrôle de l'autorité ne pourra plus s'exercer, pour parvenir ainsi indirectement à éluder les prescriptions légales. Il y a là un véritable écueil que nous avions déjà signalé, lorsque nous avons traité ce sujet en détails. Pour éviter cet écueil, le législateur aurait un moyen très simple dont certaines législations étrangères ont déjà fait usage : c'est d'établir un terme fatal au delà duquel l'autorisation gouvernementale ne pourrait plus être utilement demandée (1). Par exem-

(1) C'est ainsi que, dans la loi prussienne du 23 février 1870

ple, la loi pourrait disposer que la demande d'autorisation devra être introduite par l'établissement donataire dans les trois mois qui suivront la remise matérielle, faute de quoi le don manuel au profit de cet établissement deviendra nul et non avenu ; et que, de plus, les administrateurs qui auront négligé d'accomplir cette formalité dans les délais légaux, seront passibles d'une amende personnelle de...., prononcée par le tribunal civil, à la requête du ministère public.

Nous ne pensons pas qu'il y ait lieu de légiférer sur les dons manuels faits aux personnes morales par intermédiaire, ni sur ceux qui comportent l'indication de certaines charges. En revanche, nous souhaiterions certaines dispositions expresses au sujet des dons manuels anonymes.

Et d'abord si le donateur a voulu seulement garder l'anonyme à l'égard du public tandis qu'il est parfaitement connu de l'établissement donataire auquel il a fait une remise directe, sa disposition sera toujours l'objet d'une autorisation régulière, c'est-à-dire rendue en connaissance de cause, parce que l'administration pourra toujours se procurer officieusement sur le donateur les renseignements nécessaires, tout en

précitée, une amende de 200 thalers est infligée au représentant de toute personne civile qui prend possession d'un don manuel (comme de toute autre libéralité) sans solliciter, dans le délai de *quatre semaines*, l'autorisation royale.

gardant officiellement le secret dont il a voulu s'envelopper.

Le donateur, au contraire, est-il inconnu de tous, du public, de l'administration et du donateur lui-même, et ne reste-t-il d'autre trace de sa libéralité qu'un écrit qui en détermine l'emploi ou qui lui adjoint certaines conditions : on n'en devra pas moins maintenir à son égard le principe de l'autorisation administrative. Le pouvoir central aura dans tous les cas le devoir d'approuver l'emploi, le droit de réduire les charges après enquête, et même, s'il le faut, de les supprimer complètement ; personne ne pourra d'ailleurs réclamer contre ces mesures puisque le don manuel est anonyme. Mais cette autorisation ne sera plus l'autorisation régulière prévue par l'article 910 et qui peut être accordée ou refusée selon le résultat de l'enquête. Celle-là ne pourra jamais être refusée, et, de toute façon, la personne morale donataire sera toujours sûre de retirer un bénéfice quelconque de la libéralité faite en sa faveur (Voir *suprà*, p. 126).

Enfin, pour être logique, la loi devrait décider qu'il n'y aura lieu à aucun contrôle, si le don manuel est pur et simple, c'est-à-dire sans indication d'emploi ni d'aucune charge. L'autorisation ne saurait être alors d'aucune utilité. Le don lui-même et la destination qu'il aura reçue seront simplement constatés sur les registres de comptabilité de l'établissement gratifié, de la même manière qu'on y constate les excédents de recettes d'une certaine importance, et leur emploi.

Il ne convient pas, nous semble-t-il, de pousser plus avant cet aperçu de réforme législative. L'institution du don manuel, en effet, n'est pas de celles qui appellent à tout propos l'intervention du législateur ; c'est au pouvoir judiciaire qu'il appartient surtout de régler toutes les difficultés pratiques auxquelles elle peut donner lieu, en leur donnant une solution spéciale suivant chaque espèce. La jurisprudence actuelle, à part quelques exceptions, pourvoit suffisamment aux divers intérêts, tant publics que privés, qui se trouvent ici en jeu ; elle pourra donc presque toujours, comme elle l'a fait jusqu'ici, suppléer au silence de la loi. D'autre part, le don manuel, et en particulier le don manuel aux personnes morales, est susceptible de revêtir des formes tellement variées, il se prête à tant d'applications diverses, qu'on aurait tort de vouloir procéder à son égard par voie de réglementation générale et définitive : on ne parviendrait jamais à prévoir tous les cas difficiles qui sont de nature à se présenter, ni à réprimer tous les abus, et l'on risquerait par contre d'entraver outre mesure un mode de disposer qui relève avant tout de la conscience, se recommande par une pratique déjà longue et compte assurément parmi les attributs les plus naturels et les plus respectables du droit de propriété.

Vu :

Le Président de la thèse,
A. BOISTEL.

Vu :

Le Doyen,
COLMET DE SANTERRE.

Vu et permis d'imprimer :

Le Vice-Recteur de l'Académie de Paris,
GRÉARD.

TABLE DES MATIÈRES

Imp. G. Saint-Aubin et Thevenot. — J. Thevenot, successeur, St-Dizier (Hte-Marne).

Imp. G. Saint-Aubin et Thevenot. — J. Thevenot, Successeur, Saint-Dizier.

www.ingramcontent.com/pod-product-compliance
Ingram Content Group UK Ltd.
Pitfield, Milton Keynes, MK11 3LW, UK
UKHW012034240726
13965UKWH00002B/792

9 782013 071062